ENCUENTRA TU PERSONA VITAMINA

Marian Rojas Estapé

ENCUENTRA TU PERSONA VITAMINA

找到你的維他命人

人際關係中的
痛苦、困惑、空虛，
你不必自己承受

瑪麗安・羅哈斯・埃斯塔佩——著
Marian Rojas Estapé

張懿慈——譯

感謝我的父母，你們為我指明了通往

我的維他命人——我的丈夫赫蘇斯（Jesús）的道路。

感謝我的四個孩子，

你們是最純粹的催產素。

目次

催產素

依附

愉悅與愛

有毒的人

序

我始終著迷於人類的心智，從小我就對行為和情感的世界感到熱衷，在了解到心智和身體的連結，以及理解大腦和情感世界的運作之後，我寫了《親愛的，那不是你的錯》（*Cómo hacer que te pasen cosas buenas*）一書。那本書對我的生活產生了深遠的影響。一開始，我猶豫是否應該先出版那本書，還是現在你手中的這本。我認為先出版一本關於個人學習和理解大腦的書能幫助讀者更專注於第二本書的內容。

以每個人的一生為中心去分享生活經歷、思想和科學概念，這樣的經驗為我留下了深刻的印記，並使我能探索生活中的其他層面。我意識到有必要寫出一個關鍵的概念：幸福是由我們與他人連結或分離的能力所決定的。

《找到你的維他命人》（*Encuentra tu persona vitamina*）探討了人與人之間的關係。作為人類，我們生來就是要共同生活、建立連結、相互接觸和互相關愛的。我們都是社會人，因此，需要與人建立關係是我們的天性。

即使是一段再好的關係也存有缺陷，因此，如果我們不善加處理它們，它們會成為痛苦的源頭。為什麼有些人總是有著複雜且令人痛苦的伴侶關係？依附和連結真的像人們所說的如此重要嗎？為什麼有些人比另一些人更值得信賴？「信任」、「依附」和「愛」的背後是否存在「某種」生物化學機制？我們對子女的教育是否會影響他們未來選擇的伴侶類型？我們如何與人建立連結？為什麼有時候我們會因此而受苦？為什麼我們跟某些人一拍即合，而另一些人卻打從一開始就引起我們的反感或不信任？如何處理有毒的關係？如何在選擇伴侶上做出正確的決定？

在疫情期間，我們意識到了人際關係的問題。事實上，導致新冠肺炎心理效應最重要的因素之一就是孤立感：無法與人來往、無法觸碰或擁抱對方，無法看到口罩下的面孔、表情和情感，以及無法與我們周圍的人面對面共處，這都對我們造成了極大的傷害。因此，我希望在這本書中強調，理解人際關係如何壯大或削弱我們以及使我們感到脆弱這件事有多麼重要。我們的生活品質有很大一部分取決於我們如何與人相處，以及如何能愛人和接受他人的愛。

我將試著回答一些一直以來讓人感興趣的問題。為什麼有時我們信任某個人，卻不信任其他人？當看到一個我們認為友好的人時，大腦裡有什麼東西會被活化？面對一個讓我們感到焦慮或不適的人時，我們的身體會產生什麼變化？

以上都是我會探討的問題。這是一個廣泛且充滿細微差異的領域，每個人的一生都是獨一無二的，但正如我在第一本書中所強調的，**理解會帶來解脫**。了解我們作為人類的這一個事實，就能夠帶來極大的慰藉。當你理解自己、接受自己時，便能克服傷痛或創傷，展現出最好的自己。你將透過這本書獲得一些資訊，幫助你更能理解與父母、兄弟姊妹、伴侶、子女、朋友和同事等人之間的關係。簡而言之，就是你與你的社交環境之間的關係。

親愛的讀者：讓我們踏上一場扣人心弦的旅程，一起探索你的故事。從零到百分之百，從你在母親的肚子裡一直到此時此刻；我希望你能明白並理解你與他人的相處方式。

首先介紹：催產素

首先，我要向你介紹在這趟旅程中一個關鍵的荷爾蒙：催產素。催產素是分娩和哺乳主要的調節激素。在過去幾年裡，神經科學的研究取得令人矚目的進展，我們現在對這種荷爾蒙在行為和健康方面的許多作用有了諸多認識。當我們接收到他人的信任時，催產素會被活化。當催產素增加時，我們往往會更慷慨，也更關心他人。

在《親愛的，那不是你的錯》一書中，我們成為了皮質醇的「專家」，現在我們將從科學、心理學和人性的角度來了解**催產素**、**依附和愛**的概念。

這本書是在疫情、菲洛梅娜暴風雪（如果一月的上半旬你不在西班牙，那麼你可能不熟悉這場造成整個半島被白雪覆蓋多日的大雪災）和產假期間完成的。我的四個孩子在這本書中扮演了極為重要的角色。雖然這些嚴峻複雜的情況讓這本書有些美中不足，但它卻贏得了真實和現實。

你會從某些章節獲得更多的啟發，最好的方式是閱讀整本書；這本書的設計是讓你在每個章節裡都能學到東西，而且每一部分都有能帶給你啟示並吸引你的主題。你也能看一看目次，將你最感興趣的章節畫線標記出來，閱讀它並為你生活中的許多問題找到答案。

這些內容將幫助你了解自己，不了解自己的人將無法真正治癒生命中的創傷，也無法找到適合自己的人際關係。

閱讀小建議：

- 如果你對了解友情、母愛或愛情背後的生理學和生物化學感興趣，請從「催產素」開始。
- 如果你想了解自己的歷史，修復過去的創傷並理解你的關係，「依附」的章節會對你有幫助。
- 如果你想閱讀關於如何處理創傷、內在聲音和情緒障礙的內容，我推薦「我的維他命治療」。
- 如果你想理解你的伴侶關係或解決戀愛問題，「成功伴侶關係的要素」這個篇章會對你有所幫助。
- 如果你為人父母，想要在這個令人興奮的階段發揮自己的作用，我建議你閱讀「依附」的章節。
- 如果你周圍有讓你感到心煩意亂的有毒人物，建議你閱讀「有毒的人」。

● 如果你想知道對你產生負面影響的內在聲音來源，歡迎閱讀「內心錄音機」。
● 如果你對二十一世紀的性和愉悅的世界感興趣，我推薦你閱讀「愉悅」這個章節。
● 如果你與父母的關係影響了你的生活，千萬不要錯過閱讀「依附」和「有毒的人」這些章節。

倘若你對好幾個主題都感興趣，我建議你從頭讀起。每一章的內容都有其意義，而章節的排序是經過深思熟慮的。

無論如何，**感謝你對我的信任**。這本書中的某些內容會讓你笑出聲，有些則會觸動你的情感和引發你思考，還有一些可能會讓你覺得遙遠，因為它們不符合你目前的生活階段。無論你的故事和個人經歷為何，我衷心希望這本書能夠幫助你，**讓你更加接近你的「維他命人」**，並激勵你將最複雜的人際關係轉化為正向且熱情的關係。

我也希望你成為你所處環境中的「維他命人」。

二〇二一年一月十日，馬德里

催產素

有時候觸摸肌膚就像在指間捧著一片薄霧，甜美無比。猶如輕撫冰冷且充滿生機的水面，幾乎不需實際接觸，彷彿它就是大地的一部分。

——豪爾赫・德柏拉沃[1]

1 譯註：豪爾赫・德柏拉沃（Jorge Debravo）為哥斯大黎加的著名詩人，哥斯大黎加將他的生日一月三十一日訂為國家詩歌日。

1 擁抱的荷爾蒙

你可能聽說過催產素，它是女性在繁殖生命中非常重要的荷爾蒙，對懷孕、分娩、哺乳和性關係起著至關重要的作用。催產素是由下視丘活化後透過腦下垂體釋放出來的荷爾蒙。羊水破裂時會釋放大量的催產素，催產素會導致宮縮。事實上，有許多臨盆產婦接受人工催產素治療，以利開始分娩和產程的進行。

催產素也與哺餵母乳有著密切關係。乳頭的刺激會將催產素釋放到乳房組織中，導致乳汁流出。它同時也存在於性關係中，活躍地影響愛撫、按摩與性行為本身產生的幸福感及愉悅感。

催產素分泌的時刻與人際關係的發展有關。

我對這種荷爾蒙的了解來自於我還是醫學生的時期。我聽過各種理論，但並未深入研究，一直到我的生命發生了一起事件，才讓我意識到催產素將成為我接下來研究和授課的旅伴，自此我才深入研究這個主題。

當時是冬天，我的一個孩子才剛出生幾個月，我正開始逐漸恢復工作。那天我受邀參加一場精神病學會議，會議上將介紹一種新藥。活動在馬德里市中心的一家飯店舉行，於是我開車前往。

我停的停車場車位非常狹窄，每次我把車停在那裡都會遇到停車問題。

當天會議一結束我便離開了，因為我必須哺乳，我兒子當時還在喝母乳。

那天下午，停車場的燈比平時更暗一些。當我走向我的車時，瞥見附近有一個高大的男人正盯著我看。他開始尾隨我，並大喊著要我交出手機。我驚恐地說不，我的心臟開始劇烈跳動，我開始感到焦慮，皮質醇入侵了我的身體：我全身的警報系統都被啟動了；心跳過速、呼吸急促、出汗……我無法思考，只想趕緊逃離，但我當時在地下三樓的停車場。

我緊張地把手伸進包包裡拿鑰匙，並要那個人別靠近我。就在此時，他越靠越近，並且呼喊著通知某人。我趁機坐上車，但我不記得當時是怎麼發動車子的。我飛快地離開現場，奇蹟般地順利把車子開出車位，並成功脫險。

回家的路上我心跳得很快，既煩躁又害怕，而且遲遲無法平靜下來。

等危險過了，有個聲音（我的理性自我）似乎在對我說：「你完全知道你身上正在發生些什麼，試著放輕鬆吧！」但我做不到，連我丈夫都無能為力；當我打電話給他時，他正在工作並試圖透過電話讓我冷靜下來。

回到家，我還在電梯裡就聽到兒子的哭聲。當時已經比他預計要喝奶的時間晚了一些。我仍然懷著忐忑的心情坐下來餵他。當我丈夫衝進房間時，我已經餵小傢伙幾分鐘了。他一臉驚恐地走進門，但一看到我，他就平靜了下來。我的聲音不再顫抖，慢慢地講述著事情發生的經過。從車上的那通電話到現在，還過不到二十分鐘。

「你做了什麼讓自己冷靜下來的？」他驚訝地問我。

他說得沒錯。我的心跳已經恢復了正常的節奏，感覺好多了，甚至還顯得過度平靜，彷彿吃了鎮靜劑似的。我非常了解我自己，幾分鐘前經歷的痛苦應該會持續更久才對。我往往會徹底分析所有的行為變化，並且了解自己何時處於警戒狀態、何時處於放鬆狀態，但這次的情形讓我不明白究竟發生了什麼事。

那一刻，我看著平靜喝奶的兒子，心想：「是催產素降低了皮質醇嗎？」餵完奶，安頓他入睡，我打開電腦，開始閱讀我訂閱的各種科學報告。那一刻，一個激動人心的世界向我敞開了大門。

當催產素的分泌增加時，皮質醇則會降低。

從那天起，我一直試著跟上關於這種愛情荷爾蒙或人際關係荷爾蒙的最新研究。我尤其關注催產素與皮質醇、睪固酮或多巴胺等其他荷爾蒙的關係和交互作用。

關於這個主題的研究越來越多。在接下來的幾頁中，我將與你分享對你的健康非常有用的觀念和想法。在繼續之前，我認為有必要提醒你一些關於我們的老朋友「皮質醇」的事。

老朋友：皮質醇

了解皮質醇的生理學和功能，是認識催產素在人際關係中扮演何種角色的關鍵。皮質醇是《親愛的，那不是你的錯》的主角。

皮質醇是壓力荷爾蒙，主要在警覺或受到威脅的時刻分泌。它的用處在於幫助我們透過「戰鬥或逃跑」機制來應對挑戰和威脅。

皮質醇分泌時會在身體中產生各種物理變化，為行動做好準備，這些表現有大家熟知的心跳過速、呼吸急促、出汗和（或）顫抖。恐懼或威脅情況導致皮質醇飆升的其他跡象為消化問題（便祕或腹瀉）、精神障礙、口乾或窒息感。

如果有人在街上追你、你面臨火災威脅、你發現自己在一架經歷亂流的飛機上，或者當你看到一輛未踩剎車的汽車向你駛來，那麼皮質醇及其在身體中產生的變化就會很明顯地存在。除了這些顯而易見的情況之外，在越趨於久坐不動和無聊的現實生活中，身體每天都會面臨幾個微觀或宏觀時刻，這些時刻也會啟動人體的警覺狀態（儘管可能沒有那麼強烈），例如：每天早上見到你的壞老闆、跟你的伴侶關係不好時、擔心孩子時，或者出現一個讓你心煩意亂的健康問題等等。

皮質醇是一種週期性荷爾蒙，通常遵循光的節奏來釋放，我們早晨醒來時是一天當中釋放最多皮質醇的時候，這對開啟我們一天的活動有所助益，而隨著時間過去，皮質醇會漸漸減少，到了晚上則又略有增加。

這裡我需要重申一個我多次強調的事情：頭腦和身體無法區分真正的威脅和想像中的威脅。面對生活中發生的物理事件或面對僅存於腦中的假設時，生物體以非常相似的方式做出反應。我舉個例子。

假設你的財務狀況處於赤字狀態，剛好又收到來自孩子學校的通知，告知你他們尚未收到這個月的學費，這種緊張和痛苦的情形會使皮質醇飆升，在接下來的幾個月裡，你可能會擔心這種經濟窘況會重演，而這種恐懼為你帶來的生理影響會近似於問題實際發生時你所經歷的壓力。

皮質醇影響身體裡的許多系統，當它突然被活化時，身體本能地準備逃跑，此時血液會從腸道流向做動肌群，來幫助我們增強逃避或防禦行動，這就是我們在痛苦時會失去食慾的原因。你的肌肉系統會收到必要的信號（包括神經和生化信號），以準備躲避危險或戰鬥。

這種荷爾蒙幫助氧氣、葡萄糖和脂肪酸發揮各自的肌肉功能。加速的心率會使心臟加快泵血速度，刺激血液和營養物質輸送到肌肉，以便對可能發生的威脅做出反應。另一方面，皮質醇也會抑制胰島素分泌，導致葡萄糖和蛋白質釋放到血液中。它還與免疫系統有關，首先就是抑制發炎反應。面對壓力時，身體會消耗能量資源，免疫系統需要大量能量，因此當你生病時會感到筋疲力盡，正因你的防禦系統正在引導並使用大部分的能量。

皮質醇是對身體非常重要的荷爾蒙，但過量則有害。

皮質醇的問題在於它不斷釋放。在不確定或非常擔憂的情況下，身體會出現皮質醇中毒的現象；換言之，即指皮質醇在血液中的濃度過高。皮質醇中毒的臨床症狀包括改變免疫系統和炎症系統的反應。由於長期處於壓力或警覺狀態而有著高濃度皮質醇的人，其身體調節炎症的能力會降低，並且更難抵禦威脅，因此，在這些情況下更容易受到感染。

誰沒有在經過數週的努力工作後，開始休假時卻反而生病了的經驗？身體在此時更容易患上感冒、尿道感染或腸胃炎。

這種潛在或輕度的炎症是許多炎症或自體免疫性疾病的根源。我近期的目標之一就是傳達照顧身體和大腦炎症的重要性。

緊張的大腦會發炎。事實上，與憂鬱症相關的最新研究將這種疾病稱為大腦的炎症性疾病。我認為這是一個令人興奮的研究領域，這就是為什麼對於某些難治型憂鬱症的案例，我會要求進行血液檢查，以消除炎症並改善情緒。

有些抗炎飲食、補充劑甚至一些特定的抗炎藥物能幫助逆轉憂鬱的症狀。

現今的生活充滿炎症

四處都是「發炎」的人。當出現皮質醇中毒時，人體會發生變化，身心都會受到影響。生理上可能會發生脫髮、眼睛震顫、出汗過多、感覺異常、胃腸道疾病等炎症問題，例如胃炎、扁桃體炎、關節炎，或是纖維肌痛、皮膚出現變化，如紅酒糟肌膚、皮膚炎、皺紋等，或是甲狀腺的問題，甚至可能出現生育障礙，因為皮質醇與生殖系統有關，這就是壓力會改變女性的正常週期或生育能力的原因。

在心理層面會出現顯著的變化，例如經常無法入睡與保持睡眠，在夜間多次醒來或在早晨感到疲憊。情緒上則會出現煩躁、焦慮，甚至恐慌發作等障礙。如果壓力水平不變，最終甚至會出現憂鬱症，因為在許多情況下，憂鬱是由於長期處於警覺狀態而產生的。

長期生活在高度緊張的情況下會導致憂鬱狀態。有時是生理性的，也就是說，它是「正常」的。我們或多或少都有過這樣的經歷，與讓我們疲憊不堪的事情拚鬥，而當問題最終得到解決時，就會陷入悲傷和冷漠的狀態。這是生物體的典型特徵，會利用這種機制來修復；但有時這種憂鬱的狀態會惡化，且思想反覆變得消極。在憂鬱情形出現時，應及時尋求專業幫助。當我們的情緒世界動搖時，了解大腦在面對不同的人生變遷時是如何運作的，有助於我們不再感到困惑。

皮質醇中毒也會帶來認知的改變，從注意力不集中到專注力或記憶力的問題。

記憶區域海馬迴對皮質醇的增加很敏感，這就是為什麼在最痛苦的時刻，我們會發現記憶在捉弄我們。另一方面，當我們生活在生存模式中時，頭腦只會尋求解決方案或解決特定挑戰的方法，但無法深入研究或捕捉細節，當然也無法考慮中期所需採取的行動。在那些時刻，我們的工作效率較低，也不太會注意到日常生活中的細微處。我們在智力和情感上都變得更加笨拙。最終，行為也會發生變化。高水平的皮質醇會導致孤立和缺乏社交的意願。西方經歷了第一次封城，人人都被鎖在家中，街道上空無一人、訊息匱乏，且對未知感到恐懼以及人際關係互動急劇減少，這是人類歷史上最大的「皮質醇衝擊」之一，史無前例。數個月後迎來解封的時刻，當我們重新回到街上時，內心卻充滿了恐懼和不確定感，這究竟是怎麼回事？許多人仍留在家裡，這個症狀被稱為「幽居病」。人們受到恐懼的困擾，早已習慣了社交隔離，只有待在親人身邊才會感到安全，許多人因此選擇過著隱居的生活。一年後，有些人的心理狀態仍受到封城的影響，其中一些人的情況甚至是不可逆轉的。

吉耶（Guille）的案例

吉耶是一個婚姻幸福的年輕人，身為一個大家庭的父親，他非常愛他的妻子和孩子，把僅有的一點空閒時間都花在他們身上。他是一名成功且非常受歡迎的專業人士。由於工作超過負荷，他正在經歷巨大的壓力。他注意到自己正在軀體化[1]，但不知如何處理正在經歷的情況。他提到自己反覆出現唇皰疹、肌肉攣縮，甚至因嚴重的腰痛而癱瘓。

他的妻子非常關心他，擔心近幾個月來困擾著他的生理症狀的情況。她認為吉耶以工作為重，不懂得拒絕客戶，而且多次延長工作時間。吉耶主要的抱怨是，當他精疲力竭地回到家時並不想說話，他只想親吻孩子們、吃晚飯，然後看一些輕鬆平淡的連續劇或電影來分散自己的注意力。有時他感到煩躁，對和家人共處時的小細節反應很不友善。

皮耶正處於「皮質醇中毒」的狀態，幾個月以來，他始終處於警覺狀態，而他的身心都在向他發出信號和警告，要他重新安排生活。

能意識到身體如何與自己交談，讓他開啟了改變的第一步。他已經能夠改變事情的優先順序並相應地調整生活。最困難的事情是學會在週間停下來休息，在工作負荷過大時學會拒絕。從那以後，他定期接受物理治療師對他的背部追蹤檢查，他得以減少工作時間，並規定自己每天聽妻子和孩子說話，哪怕只有幾分鐘也好。他已經抽出時間與伴侶進行一次短暫的浪漫之旅，這為他注入了新鮮空氣和活力。他的妻子也努力理解他，而不是在他疲憊不堪地回到家時對他要求太多。面對一個正在經歷人生艱難階段的人，我們對他抱持的期望必須是現實的。正如我們目前所見，生理壓力本身並不壞，它是身體在面對威脅時觸發的自然反應，無論威脅是真實的還是想像出來的，而且壓力是在危險時刻求生存所必要的。真正有害的事情是，一旦威脅消失或沒了根據，身心卻持續感知危險或恐懼。

如果一個人的童年因為性虐待、生活環境中遭受持續的身體或心理攻擊、在學校受到欺凌或任何其他導致痛苦經歷的原因而經歷創傷，那麼他將來罹患情緒障礙、炎症或自體免疫問題的風險更大。儘管心理、生理和行為的後果在成年期才被察覺，但在某種程度上，被觸發的警覺性彷彿從那時起就一直潛伏著。

當我在會診時看到依附關係受傷、童年創傷很深與嚴重軀體化的患者時，我意識到他們一生中大部分的時間都處於高度警覺狀態，隨之而來的是身心俱疲。治癒那些傷口，平衡那些炎症水平，並幫助改善他們的情緒是我的治療目標。

維他命人是催產素分泌的重要促進劑，有助於緩解緊張情緒。在困難時期給予適當的擁抱可以降低皮質醇的飆升；自信的眼神可以果斷地幫助別人度過難關；幾句鼓勵的話就能打破孤立感。

生活有時非常艱難，但我們有很好的工具可使用，並盡量以不痛苦的方式去應對它。

維他命人和催產素幫助人們克服最複雜的挑戰和威脅。

向荷爾蒙決定論說不！

令人印象深刻的是，神經科學如何對人類行為和心理學的基礎做出越來越多解釋。了解決策的生理學、機制或內部程序對於改善自己的行為至關重要。催產素的特殊性以及了解它與其他荷爾蒙的相互作用，是分析我們為什麼對生活中的不同事件做出各種反應的關鍵。

與催產素相關的科學領域中，取得最大進展的正是催產素水平如何影響決策。談及此事，我們不能不提到美國經濟學家保羅・J・扎克（Paul J. Zak），他專門研究經濟、商業和情感世界之間的相互關係。事實上，他認為自己是一名神經經濟學家。在他的職業生涯中，他對這種荷爾蒙進行了多項實驗並取得發現。總的來說，他的工作側重於特定學科，也就是經濟學，以及催產素對經濟行為的影響。然而，隨著科學逐年的進步，我們很快就會被導向將人類行為簡化為一連串的數學模式，而這對我來說是不精準的，而且也違背了我自己理解世界、人類和生活的方式。

我想指出一件重要的事：必須避免決定論。在人體中，對決策、人際關係和情緒極其重要的複雜生化過程會在不知不覺中不斷發生。例如，由某種荷爾蒙的減少引起的生化失衡會在一定程度上影響我們行為的中立性，但除非在非常極端的情況下，否則永遠不以決定性的方式去斷定它。

我們的思想、精神、靈魂與我們自己，就是最終做出我們自己的自由決定的人，這些決定將塑造我們成為什麼樣的人以及我們如何與周圍的人產生連結。因此，我們不是生物化學的奴隸。幸運的是，個人的自由不像皮質醇或催產素水平那樣容易被操控。

荷爾蒙會影響我們的行為，但無法決定我們的所作所為。

我們有兩個強大的工具：意志和智慧，它們可以控制衝動和傾向。多虧了它們，即使我們被某個事物深深吸引，如果當時它並不適合我們，我們也能重新引導它。位於前額葉皮質的延遲獎勵能力必須得到改善和加強，因為它在最終時刻會讓我們獲得自由。

正如我父親多次重申的一樣，意志是行為這頂皇冠上的明珠。有意志的人比聰明的人走得更遠。你決定接受什麼並讓它融入你的生活中。我們不是感覺或荷爾蒙分泌過程的奴隸，我們必須學會管理它，才能實現最好的自己。

人類將自身生活經驗與身體、思想和靈魂的生化過程結合，藉此做出各種適應，從而造就了今天的我們。

作為一名精神科醫生，我的工作在很大程度上是要幫助那些在情感上受到傷害和痛苦的人。在我看來，要做到這一點，除了科學知識、傾聽的能力和同理心之外，還需要人類觀念的廣闊視野，能夠適應我的病人每天在生活中所面對的重大課題，如悲傷、痛苦、心碎、孤獨、痛苦或死亡，並賦予其意義。醫師的治療方式在一定的程度上決定了幫助患者找到的治療方法和答案。

自古以來，哲學家、神祕主義者、思想家和醫生都試圖解釋人類的行為。雖然有這麼多的思想巨頭，但我們可以精選出一系列立基紮實的思想。

第一：正如亞里斯多德在兩千年前所說的，「人本質上是一種社會性的存在」。我們都非常清楚，我們被召喚參與社會生活，而且我們正變得越來越城市化。單看封城隔離為我們造成的巨大心理傷害便可得知。

現代人的生活是社會生活，有著多重關係。孤立地看待一個人是極其簡化的方式，對一個人的研究必須在考量其背景下進行。當我為病患看診時，在初診時我們會談論他、他的感受以及發生在他身上的事情；但在第二階段，我總是詢問他們與他人之間的關係：伴侶、家人、朋友、同事等等。在許多情況下，前者直接源於或衍生於後者。

第二：霍布斯（Hobbes）引用了普勞圖斯（Plautus）的一句話：「凡人皆狼」。個人可能會為相同的資源而競爭，競爭會產生攻擊性，但大多數人也有團結意識。我不只是在談論非政府組織。大多數宗教，如基督教、伊斯蘭教、印度教或佛教，都是以愛、尊重他人或團結為宗教實踐基本支柱的信仰體系。也就是說，社會生活和對他人的慷慨是宗教道德和人類倫理原則的精髓。那種慷慨和以小我成就大我的觀念，是唯一可以解釋醫療人員在疫情大流行期間做出巨大犧牲的原因。

有鑑於我們必須生活在社會中，並且知道我們的原則促使我們關心他人，那就讓我們繼續研究催產素荷爾蒙在實現人類這些偉大目標中所起的作用吧。

1 譯註：指精神、情緒或心理上的問題轉變為身體的症狀。

2 情感連結

催產素最有趣的一點是，它的作用不僅限於生殖週期，還存在於同理心、信任和利他行為等方面。因此，這種荷爾蒙不僅是將孩子帶到世界上並在他們出生後的頭幾個月餵養他們所必須的，它還是人際關係中的重要物質：在夫妻間、社會上或工作中皆然。

一旦分泌催產素，它就會通過血液循環「灌溉」體內的多個組織，並產生平靜和安寧的感覺以及更大的同理心。

與情感和社交世界相關的大腦區域——杏仁核、下視丘、膝下皮層（負責評判他人而不是幫助他人的部分）和嗅球——皆密集地分布著催產素受體。全身都能感受到這種荷爾蒙的作用，尤其當它與心臟和迷走神經中的受體結合時更是如此。受體越多，相關組織對血液中荷爾蒙水平升高就越敏感。

迷走神經支配心臟和腸道，在體內具有非常重要的功能。

不那麼懶惰的迷走神經

心臟每天跳動約十一萬五千次，而我們卻渾然不覺。肝臟在工作，腎臟發揮其作用幫血液排毒，腸道吸收營養，肺部吸氣和呼氣等等。身體在我們不知不覺中運作，一切和諧運作的背後是什麼？自律神經系統負責這一切的運行，它負責控制肺、支氣管、心臟、不隨意肌、肝臟、胃、腸、胰腺和腎臟等。

自律神經系統有兩種工作方式：

第一，透過交感神經系統——在受到威脅和保持警覺的時刻，我們所熟知的皮質醇會啟動交感神經系統。

第二，透過副交感神經系統——它能讓我們在緊張或焦慮一段時間後放鬆下來，恢復體力、防禦力和精神。

管理副交感神經系統的是迷走神經，迷走神經是副交感神經的指揮官，因為它占了副交感神經纖維的百分之七十五。它將有關人的狀態訊息直接傳輸到大腦，通知大腦危險已經過去，因此，心臟可以不再快速跳動，呼吸可以減慢，消化過程可以重新開始；也就是說，我們可以休息並恢復日常工作。這條神經也稱為肺胃神經，是十二對腦神經中的第十對。它是人體內最長的神經：從延髓開始向下經過咽部、聲帶、食道、喉部、氣管、支氣管、肺、心臟、膽囊、胃、胰腺、肝臟和腎臟，最後抵達腸道，在那裡它顯著地影響了微生物群——這是一組生活在體內的微生物，主要是在消化道中，其組成首先取決於飲食、習慣、壓力和藥物。

我們都知道腸道和大腦之間存在重要的溝通管道。事實上，腸道越來越常被稱為第二大腦，因為它覆蓋著強大的神經網絡，能向大腦發送信號，反之亦然，大腦透過迷走神經和細胞因子釋放荷爾蒙和神經傳遞質，向腸道發送信號。

這是一個令人興奮的話題。在治療過程中，我也多次添加益生菌來幫助改善消化和心理症狀。

迷走神經最重要的功能之一是顯著地影響體內的炎症過程。此外，迷走神經還能活化腦源性神經營養因子（英語縮寫為BDNF），它在神經連結和鞏固記憶中發揮至關重要的作用。這使我們得出一個結論：如果我們設法控制飲食，學會呼吸和控制心率，我們將能夠更佳地控制我們的情緒、思想和直覺。

催產素的作用可在體內被感知到，但最重要的是，當它與心臟和迷走神經的受體結合時，會產生非常重要的影響。當我們刺激迷走神經時，身體就會分泌催產素，從而加強身心與行為之間的聯繫。但是當可怕的壓力出現或遇到生存危險時會發生什麼事？如果我們讓身體一直處於緊張狀態，就有可能會發炎。這種有害的皮質醇中毒會改變免疫系統，並削弱身心健康。

迷走神經還可以降低發炎程度並保持身體平衡，即所謂的體內平衡。它甚至能刺激其他物質的釋放，例如乙醯膽鹼、GABA（γ-胺基丁酸）和去甲腎上腺素。

這種神經傳遞的神經遞質是乙醯膽鹼，它具有非常重要的抗炎功能。這也是迷走神經指揮體內炎症系統的原因之一。如今，它的調節能力可以預防或緩解許多常見疾病：炎症、偏頭痛、過敏或心血管疾病等等。當迷走神經不能正常工作時，便會出現難以恢復平靜的問題，而且更容易感到壓力和焦慮，也更容易導致發炎的情形。

什麼是低迷走神經張力？

如果迷走神經不能正常運作，我們會說是低迷走神經張力。有此狀況的人往往生活壓力大、呈緊張狀態，而且無法輕易放鬆。低迷走神經張力可能會出現的症狀有：

- 消化問題，從吞嚥困難到便祕或胃輕癱
- 焦慮和憂鬱等情緒障礙
- 自體免疫疾病
- 發炎

- 糖尿病
- 偏頭痛
- 肥胖
- 血壓變化
- 近期的研究顯示此情形與阿茲海默症有關

這是我們所有人都在乎的事情。如果我們了解迷走神經的運作原理，就可以幫助身體擺脫交感神經模式（警覺模式），以進入復原階段。

當迷走神經運作良好時，也就是高迷走神經張力時，人們往往能更好地控制壓力情況，能夠更容易地放鬆，並擁有更親密、更積極的人際關係。

如何調節同情神經

呼吸是幫助迷走神經發揮最佳功能的機制之一。當生物體處於威脅狀態時，首先會過度換氣，將氧氣引入肺部。當呼吸短促且加速時（快而淺的胸式呼吸），就會出現問題，因為引入的氧氣比我們需要的多，會出現頭暈、窒息感和視力模糊等情況。能夠有意識地控制呼吸（緩慢的橫膈膜呼吸），將有利於肌肉放鬆，輔助呼吸肌的活動，以及迷走神經的活化。

除了呼吸，還有其他事物會刺激迷走神經，例如：

- 冷水。冷卻你的手、臉或洗個澡可以活化迷走神經。淋浴後，讓冷水沖洗頭部和頸部。你的第一反應會很吃驚，甚至可能會很不舒服，而且可能會改變你的呼吸方式。在那一刻嘗試進行有意識的深呼吸練習。
- 唱歌。聲音的振動會刺激迷走神經所在的腦幹。
- 笑。與維他命朋友見面，歡聲笑語會促進真正的身心健康。
- 睡姿。右側臥可以增強迷走神經的張力，因為它能讓空氣更自由地進出氣管，從而更好控制呼吸。
- 冥想或祈禱。這麼做能夠擺脫壓力，進而與必要和無形的事物連結起來，有助於我們找回生活和內心的平靜。
- 某些益生菌已被證明對某些疾病有益，例如鼠李糖乳桿菌。
- 攝取Omega 3脂肪酸的DHA。
- 反射療法能透過調節迷走神經來減少交感神經的活化，且已被證實可以降低心血管疾病患者的血壓。
- 越來越多研究顯示針灸能增強迷走神經張力，有助於舒緩高度緊張的情況。
- 顱骨深度觸壓療法對處於警覺狀態的人非常有效。

我記得有個病人在一次事故後一直處於身心高度警戒的狀態，這使他變成了易怒和脆弱的人。我們進行了完整的治療，我將他轉介給一位值得信賴的物理治療師勞爾，他是這方面的專家。幾週後，我們注意到患者發生了重大變化。即使每個人都是不同的，但我始終堅持在所有治療中統一身心的重要性，這對患者非常有益。

- 如果有某種疾病肯定與低迷走神經張力有關，可以使用迷走神經刺激療法（簡稱為VNS），透過此療法能活化迷走神經的纖維，從而更好地發揮其功能。
- 找到維他命人。我真的相信他們具有高迷走神經張力，並且能夠調節我們的警覺狀態。也許由於這個原因，迷走神經也被稱為同情神經，因為當它與維他命人連結時，就會被活化。

3 同理心是一種維他命工具

生化跡象

同理心是一種美好的人類特質，它意味著能夠設身處地為他人著想，並與他人及其情感產生共鳴。當一個人遇到受苦的人並對他產生同理心時，大腦自然會分泌催產素，活化慷慨的感覺。這解釋了當我們看到有人受苦時的感受：「我多麼想幫助他啊！」我們不自覺地感受到那種需要，這件事非常美好。

當我們表現得慷慨且富有同情心時，身體便會釋放催產素。催產素也在其他時候分泌，例如當有人需要我們，而且我們感知到此情況時，或者當身體感受到友好、放鬆和值得信任的環境時。相反地，當身體感覺到一個充滿攻擊性、恐懼和不確定的環境時，大家熟悉的皮質醇就會被活化。

催產素是同理心的生化跡象。

我們已逐漸瞭解許多不同荷爾蒙的使命。雖然我在這幾頁的目的並非灌輸過多內分泌活動的資訊，但這些功能可以幫助你更了解人類行為。

- 皮質醇：在有壓力時活化。
- 多巴胺：與快樂和獎勵迴路有關。
- 血清素：與快樂、性慾和幸福感有關。

催產素的釋放會啟動血清素的分泌，這有助於我們減少焦慮感並保持平靜。多巴胺也同時受到刺激，並產生一個「鉤子」，讓我們想要再次重複一項活動，因為它會帶給我們快樂，並幫助我們在與他人相處時感覺良好。

我曾在自己的生活中分析這些行為，我想用一個偶爾發生在我身上的例子來加以說明。疫情前，我的生活中時常出現的場景是帶著孩子們去逛超市，一個坐在購物車上，另一個牽著我的手。當時我經常會分身乏術，但那一刻我別無選擇，只能稍微強迫自己的身體，以便能夠帶著孩子出門辦事。有時會遇見好心人微笑著走過來幫助我，而我也非常感激。對方的頭腦察覺到我遇到的困難，身體分泌了催產素，這使他更容易對我展現慷慨。面對這些行為，我始終心存感激。同樣地，當我意識到一個女人帶著孩子們超過負荷，而我是獨自前往時，我總是試著伸出援手，我知道那是什麼感覺，因為我經歷過！

但當一個人陷入焦慮的思緒中，在街上從我身旁經過時會發生什麼事？首先，他可能沒有看到我，沒有察覺到我的存在，因為他專注於自己的煩惱。皮質醇水平過高導致他專注於手頭上的事情，而不是關注周圍的環境或其他人。這不是自私的表現，而是他的心思放在別的地方。另一種可能性是壓力大，他確實意識到我的處境，但在他精神混亂的狀態下無能為力。皮質醇升高會抑制催產素的分泌，從生理學的角度來說，他的想法無法與我的情況產生共鳴，這是合乎邏輯的。此外，若經過我身邊的人並非一位有過類似經歷的大家庭的母親，而是一位沒有兄弟姊妹或孩子的四十多歲單身人士，那麼在他眼中，我幾乎是無形的。

試想一下你自己的情況，當你壓力重重，被煩惱壓得喘不過氣來，而且頭腦進入警覺狀態時，你會發現自己更難與他人的問題和情況產生共鳴——你更難感同身受。

皮質醇高，痛苦高；催產素低，信心低

催產素能抑制大腦中負責調節焦慮的區域：杏仁核。這表示對於患有焦慮症或社交恐懼症的人來說，若能活化他們的催產素迴路，就可減輕他們所感受到的痛苦。

催產素有助於降低壓力水平並擁有更正面的態度。

例如，在哺乳[1]期間感到幸福和平靜的女性，或者當經歷巨大的痛苦時，突然有個特別的人給予自己溫暖的擁抱，世界似乎變得更友善和親近，一切都變得美好了。

在社交緊張或痛苦的時刻能夠迅速釋放催產素，便能減輕我們對情況的恐懼。想像一下，你需要在眾人面前報告或公開演講，你感到胃部緊繃，恐懼使你癱瘓，你的皮質醇水平飆升。突然間，你看見一個熟悉友善的面孔對你微笑，並表達對你的支持。在那一瞬間，皮質醇水平開始下降，杏仁核得到緩解，你感到更加自信和平靜。

通常有許多方法可以解除這些警戒狀態，但了解催產素的好處對於解除這些警戒狀態很有幫助，也很有效。

如果一個人處於害怕的情況中，得到一個擁抱或關懷的表示會減輕焦慮，使他有信心面對挑戰。

瞭解這種心理機制有助於正確解讀許多情況。由於職業因素而生活在憂慮和壓力中的人，或因恐懼或不確定性而感到癱瘓的人會抑制催產素的分泌，因此無法產生同理心。從純粹的進化觀點來看，這是有道理的。正如我們所見，如果大腦認為你處於危及生存的情況下，正確的做法就是集中精力克服它。在這種情況下，將你的注意力和精力分散到他人的情感問題是極度缺乏效率的。如果你在街上逃離追趕你的人，你最不可能會做的事情就是注意到在教堂門口乞討的可憐人。這些生化機制在某種程度上解釋了人們在極端情況下會出現的自私行為，另一方面，也讓我們更加欣賞那些能在這些時刻關注他人的人。

什麼會使我們處於警戒狀態？

許多讓我們擔心並導致我們處於警戒狀態，從而無法專注於家人、朋友或同事的事情，往往都是虛擬的，甚至純粹是想像。

如同聖女大德蘭所說，想像力是個瘋子。它瘋狂地在我們腦海中遊走，可能使我們陷入不必要的擔憂，占據並封鎖我們的思想。如果我被解雇了呢？如果我的丈夫對我不忠呢？如果我的孩子吸毒怎麼辦？如果我入不敷出怎麼辦？這些問題都會產生恐懼和不安全感，導致皮質醇水平無端地升高。

在生活中最困難的階段，當我們因個人、職業或健康問題而感到焦慮時，我們難免會對他人不那麼寬容，也更難與他人建立情感連結。

虛擬世界幾乎已成為無窮的警戒狀態來源，即使只是一個出現在手機螢幕上的通知也被稱為「警戒」（即英文的alert）。這些新聞、通知和訊息透過手機、電子郵件和社交媒體無可避免地使我們的思緒持續處於警戒狀態。這就是著名的「FOMO」（fear of missing out，即指「錯失恐懼症」）。他們是否喜歡我？他們是否喜歡我的照片？世界上是否發生了嚴重的事情？我是否收到了這份新工作的回覆？股市上漲還是下跌等等。突然間，我們的身體和情緒都取決於螢幕上的訊息。

我們已經成為一個沉溺於情緒的社會，另一方面又高度依賴情緒。只有在情緒作為動力的驅使下，我們才會做出反應和行動。我們不斷感知到刺激的數量和重要性，使我們對更微小的訊號和細微差別越來越不敏感。我們需要重大新聞或刺激來做出反應，這進而形成一種強度不斷增加的惡性循環。這也解釋了為什麼越來越多人，特別是年輕人，無法在他們的日常生活中找到足夠的刺激，於是尋求越來越極端的解決方案。情緒化與持續的警覺狀態兩者同時出現，有時會妨礙我們與生活中重要且必不可少的事物建立聯繫。

在一個高度數位化的時代，對3C保持關注會減弱我們的共情能力。

催產素的分泌需要一個來自環境感知的信號，一個外部刺激：如果跟對方相處時感到平靜、安全和信任，或與眼前的人有所連結，我們就會釋放催產素。同理心確實與信任是相輔相成的：如果你信任對方，你就更能站在對方的立場設想。

1 作者註：哺乳是具有強烈荷爾蒙和情感的時刻，可被視為一份禮物，也可被視為一種疲憊和過度負荷的情況。我總是建議孕婦能有一個支持她的人陪在身邊，以便在孩子出生後有時間餵母乳，或找到餵養嬰兒的最佳方法。

4 男性：睪固酮高，催產素則低

性關係

催產素與性行為密切相關。在男性身上，它負責勃起和射精，而在女性身上，它能增強興奮感，同時收縮子宮，將精子帶到輸卵管，以促進受孕的可能性。

在性行為最興奮的時刻，身體會增加血液中的白血球數量。這些白血球負責保護身體免受病毒、細菌和有害微生物的侵害。

性高潮時，男性的催產素水平增加了五倍。然而，女性要達到高潮，需要更高水平的催產素，這就是女性更難達到最大程度的興奮感和愉悅感的原因。

在這些極度享受的瞬間——透過擁抱、敏感帶的撫摸、按摩和性行為本身——大腦的獎勵區域被活化，同時大量的催產素和多巴胺分泌到血液中。這兩種荷爾蒙共同工作，負責產生愉悅感，增加彼此觸碰的需求，並加強與對方的情感連結。

二〇一二年，以色列巴爾蘭大學的科學家與耶魯大學合作發現，在戀愛階段和熱戀期後的六個月內，受試者的催產素水平較高。

催產素和多巴胺能增進伴侶之間的感情。

持續保持性關係的伴侶就能以這種方式鞏固彼此的愛情或親密。相反地，如果一對伴侶在幾個星期、幾個月甚至幾年都沒有親密關係，必然會對他們的關係產生負面影響；這不僅是因為缺乏性關係和由此產生的不滿，還因為在荷爾蒙和生化層面上，他們將失去在情緒平衡和伴侶健康關係中的一個重要盟友。沒有性行為，沒有過剩的催產素和多巴胺的間歇性高峰，我們便忽視了一個對保持關係和鞏固彼此連結幾乎不可或缺的夥伴。

這對於其他情況也很重要。許多人與他人發生性關係只為了享受樂趣，沒有任何愛或認真承諾的意願。而比我們想像的更常發生的是，其中一方會對這段關係「上癮」。這種看似愉快和膚淺的純粹性關係，對其中一方來說會變成更深層的情感，甚至可能發展成愛慕或真愛。

據統計，女性比男性更容易產生這種依戀，雖然一概而論往往有侷限性，但許多科學研究和我個人的專業經驗都指出，女性比男性更容易多愁善感及感情用事。造成這種情況的原因是什麼？既有生理因素，也有心理因素。

事實上，二〇一九年馬拉齊提（Marazziti）在一項研究中指出，女性體內循環的催產素數字更高，並且擁有比男性更多的催產素受體。這或許從純粹的生理角度給出了答案。在心理層面上，正如我們所說，女性一般而言更善於表達情感和情緒，並尋求更深厚的連結。

然而，女性在戀愛中更容易追求感性的一面，也更容易產生感情，這其中還有另一個生理原因。或者反過來說，男性不太傾向於鞏固和穩定一段關係。這裡涉及到另一種荷爾蒙：睪固酮，它是人際關係中另一個重要成分。

睪固酮

睪固酮是男性體內負責能量和性慾的荷爾蒙，為一種類固醇荷爾蒙，屬於雄激素的一類，由睪丸的睪丸間質細胞釋放。兩性體內都有這種荷爾蒙。女性卵巢的某些細胞也會產生睪固酮，但含量遠低於男性。

睪固酮直接影響肌肉量和骨密度，也因此有些運動員或年輕人會為了增加肌肉量或提升運動能力而使用合成版的睪固酮——同化類固醇。

男性在約三十歲左右達到最高的睪固酮水平，隨後每年下降一個百分點。從五十歲開始，這些數值顯著降低，這就是性慾、力量和精力減退的原因。

有趣的是，大約在三十歲左右，男性的前額葉皮質（專注力、衝動控制和注意力）最終會鞏固。如果我們在前額葉皮質已經成熟的基礎上添加平衡水平的睪固酮，那麼男性將不再那麼衝動，而變得更加深思熟慮。在此之前，前額葉皮質的不成熟（即使只是部分不成熟），再加上高水平的睪固酮，解釋了年輕人精力旺盛的原因。那麼，睪固酮對我們有何影響呢？

- 負責提供能量和攻擊性。
- 是發育和性興奮的基礎。事實上，在某些女性進入更年期或性慾低下時，醫生會開處方供她們使用睪固酮貼片。
- 增強競爭力。
- 與冒險、勇敢面對威脅或危險，以及勇敢拯救他人有關。
- 與肌肉發展密切相關；運動越多，身體就會產生越多睪固酮。對於睪固酮水平較低的男性來說，運動可能有所幫助。
- 活化並影響大腦中最原始的區域，負責生存和物種繁衍。

關於睪固酮有一些很不尋常的事實。例如，我是一個熱愛足球的人，閱讀一項研究時發現一個很有趣的現象，該研究解釋了在我們支持的球隊輸球時，睪固酮水平會下降並保持低檔一段時間。相反地，當我們支持的球隊獲勝時，睪固酮和多巴胺的水平會上升。國家隊取得勝利後，伴隨著高水平的睪固酮和多巴胺，會在九個月後引發當地或全國性的嬰兒潮。

睪固酮和催產素具有相反的關係。睪固酮會抑制催產素與其受體的結合，從而減少催產素的作用。換句話說，睪固酮越高，催產素越少。

當男性結婚並開始成為父親時，睪固酮水平會下降。這是優勢，因為他們的催產素增加，同時他們對子女產生更多共鳴。實際上，二〇一七年六月發表在《精神神經內分泌學》（*Psychoneuroendocrinology*）期刊上的一項研究觀察到，已婚男性的睪固酮水平比單身男性更低。相反地，離婚則會導致睪固酮水平上升。

聖地亞哥（Santiago）的案例

聖地亞哥是一個睪固酮的典範。他衝動、精力充沛，性慾始終旺盛，而且喜歡爭論和打鬥。要不是他有小孩，在孩子能陪他看足球賽之前，他都會覺得沒必要和孩子相處。每次我們見面時，他總是這樣告訴我！

「小孩子讓我厭煩！」他曾說。

幾年前，他有了一對雙胞胎。幾個月後疫情爆發了，他和妻子與孩子一起被隔離。我以為他會被此情況壓垮。

然而當我們再次見面時，他笑容滿面，不停向我展示孩子們的照片和影片，同時講述著溫馨的趣事。聖地亞哥被注入一種天然的催產素，這使他成為一個充滿愛和關懷的父親。

這件事非常重要，因為當父母與孩子之間缺乏共情能力，反而展現出攻擊性的行為時，這些父母養育的孩子可能會受到情感創傷。

感性不再流行

當睪固酮水平過高時，男性往往更具攻擊性和衝動，並減少了慷慨的態度和同理心。有權有勢和身居要職的人通常以強硬和果斷為特點。除了少數例外的情況之外，這類人花較少的時間去感受團隊成員的情感。實際上，有關此問題的研究表明，注射睪固酮的人解讀周圍情感的能力較差。他們很難理解他人的處境。在分析他人的行為時，他們會貼上標籤並一概而論，而不會正確地深入研究情感。

我想澄清一件事：適度的壓力和競爭對於表現是有益的，也能正向地提升工作表現。這種正向的壓力能夠活化警覺系統，提高注意力和專注力。然而，如果壓力長時間持續存在，就會產生負面和有害的影響。

我認識一些出類拔萃的人，隨著他們在職位上升遷或賺取大筆錢財之後，他們反而失去了同理心。

我記得大學時期的一位好友移居美國，他在工作中晉升，被公司總經理任命為副手。

他參加與高收入人士會面的會議，與政治、商業和經濟界的重要人士來往，到昂貴的地方用餐，並經常旅行。有一次，我提前幾個星期通知他，我將在他所在的城市參加一場精神病學會議，以便相約敘舊一會兒。到了那裡，他告訴我他很忙，於是我前往他的工作地點。他在大樓門口花不到十分鐘應付我，而且一邊回覆手機訊息。我問他是否有女朋友，他帶著一抹得意的笑容，說：「女朋友不止一個，是很多個！」

他不再是我所認識的那位朋友了，在他身上發生了某些事情。我對此感到非常傷心，因為我意識到我們之間的友誼已經消失了。我把這件事與他完全不切實際且野心勃勃的生活方式聯繫在一起。幾週後，我經歷了一場家庭巨變，情況很棘手。在正常情況下，他本應關心我甚至主動提供幫助。我通知了他，但他卻花了好幾天才回覆我。

幾年過去了，有一天早上他打電話給我，告訴我他的父親患有嚴重的憂鬱症。他絕望地向我求助。他辭去了工作，回到西班牙照顧他的父親。再見到他的第一天，我發現他更像是我當年的那個好朋友。我治療他的父親幾個月的時間，他的父親康復了，但最重要的是，我的朋友也「痊癒」了，恢復了他原本的部分面貌。

我能夠與他更輕鬆地談論他在美國的時光。現在憑藉我所擁有的知識，我意識到，在他身居要職，負責指揮群眾並與重要人物來往的過程中，他的睪固酮水平大幅上升，同時使得他的催產素水平下降。

是什麼幫助了我的朋友呢？是與痛苦相遇。在我這一生中，我經常說痛苦是有意義的。的確如此！這可能與以下的事實有關：當我們經歷痛苦時，我們會對其他人的痛苦感同身受。痛苦會改變心靈。

經歷過困難、痛苦的時刻之後，人們能夠更接近他人的靈魂，更能同理和理解身邊的人。

直到幾年前，情緒化還被認為是一種弱點。如今，在社會上和重要職位上出現了如此多的女性（無論是自願還是被迫的），人們重新發現了生活、工作甚至決策中更具共情力的方法。情商和同理心在職場上的應用為我們開啟了另一扇門，並提供了提升工作表現和幸福感的可能性。

5 女性的情況又是如何？

我們既相同又不同

正如我們所見，女性也有睪固酮。荷爾蒙在月經週期中不斷變化，而睪固酮的高峰期發生在排卵期間。這也解釋為什麼在性慾最旺盛的日子裡，生理上更有可能吸引男性並繁衍後代。隨著睪固酮水平的上升，性興奮也增強，懷孕的機率也越大。

女性也可能會有高水平的睪固酮，這與女性更具有支配性和競爭力有關。問題是那些達到高階管理職位的女性是否在生理上具有爭奪欲望，或者是這些女性在追求領導地位的競爭中自我施加壓力，迫使她們的身體產生異常高的睪固酮。

我熱衷分析關於男性和女性大腦差異的研究和報告，並關注我們在行為和心理上的異同。我堅信要考慮彼此的特質和優勢，才能了解我們是如何運作的。

我很想花時間深入探討這個觀點，但這樣就需要另寫一本書了，所以接下來我將僅限於描述其中的幾種異同。

男性傾向專注於特定主題，而女性則擅長收集訊息。

數千年以來，人類在各個方面都在不斷進化。為了生存，我們過去需要，現在也仍然需要專注的態度、競爭、力量、攻擊性或戰鬥能力（男性的睪固酮更具備這種特點），同時也需要關心、同情心、維持一個支持性的社交網絡和同理心（這是女性荷爾蒙「催產素」的產物）。透過結合這兩種荷爾蒙和情感特徵，我們達到了一種完美而互補的平衡，以確保物種的繁衍。

懷孕、分娩及產後

一位好友在生產後告訴我，她在懷孕期間覺得最困難的事，是意識到自己的大腦運作方式不同了。她是一位神經學家，對心智非常熱衷，因此她的經歷引起我們對這類主題的興趣。

許多孕婦覺得自己的記憶力減退，並且專注力較不集中。實際上，由於她們的思維專注在寶寶身上，她們會優先考慮必要的訊息，因此可能在其他方面的訊息處理上有某種程度的不足。

二〇一六年，巴塞隆納自治大學和馬爾醫學研究所進行了一項研究，探討懷孕如何改變母親的大腦，在不削弱或損害智力的情況下增強她們照顧嬰兒的能力。二十五名分娩前後的女性及其伴侶進行了核磁共振檢查。此外，還選取十七名從未當過母親的女性及其伴侶作為對照組，對他們進行五年的追蹤調查。

發表在《自然—神經科學》（*Nature Neuroscience*）期刊上的結論顯示，第一次懷孕會減少大腦灰質的體積，尤其是在前腦皮層和後腦皮層以及特定的前額葉和顳葉區域，這些區域負責社交關係。另一個有趣的結果顯示，這些變化在生產後至少兩年內仍會存在。研究結果指出，透過觀察這些影像，可以判斷出女性是否曾經懷孕。

灰質體積的減少並不表示認知功能的惡化，這類似於青春期發生的現象。此現象被稱為突觸修剪，神經元之間的連接獲得改善，而對改善大腦功能沒有必要的連接會被消除。正如研究的調查員蘇珊娜·卡爾蒙納（Susanna Carmona）所解釋的，這將促進更成熟和高效的思維運作。

這就像是大腦進行重新建構，使母親以最佳方式適應孩子的出生。這種變化幫助母親察覺新生兒的需求，並在情感上與寶寶建立聯繫。這種本能是許多母親優先考慮照顧嬰兒而非優先考慮自己的原因。

育兒經歷會對母親的大腦產生持久性的變化。這些變化的目的是為了以最健康的方式保護和照顧嬰兒。

作為精神科醫生，產後憂鬱是我非常關注的問題之一。據信有百分之十至百分之二十的婦女患有產後憂鬱。在實習期間，我目睹了幾個嚴重的病例，這深深影響了我。從那時起，每當我陪伴一位孕婦，我都會仔細分析可能的壓力因素，以幫助她在產後避免陷入憂鬱症之苦。有憂鬱症病史的女性在產後罹患憂鬱症的風險更大，我們需要特別留意這一點。

二〇一九年七月美國路易斯安那州立大學生物科學系的照山亮一（Ryoichi Teruyama）教授在《PLOS ONE》期刊上發表了關於產後憂鬱的研究結果。他發現長期以來一直被關注的問題：當催產素受體的表現異常時，就可能引發產後憂鬱。導致受體異常的原因是多方面的，包括使用合成催產素進行分娩的干預。有鑑於這些資訊，堅持對產婦的照顧是我所關心的。新手媽媽的憂鬱症狀會對她們與嬰兒的連結方式產生重要影響，進而影響正在形成的依附關係。

正如我們所見，嬰兒的誕生對母親的生活和嬰兒的生命歷程都具有重要意義。催產素在嬰兒生命的最初時刻有何影響？

母嬰肌膚接觸的重要性

我第一次聽到尼爾斯．伯格曼（Nils Bergman）這個名字，是從我在醫院實習時的同事伊邦．奧爾薩（Ibone Olza）醫生那裡聽聞的。他研究和實踐的領域令我著迷，於是我開始深入探索這個主題。

伯格曼醫生出生於瑞典，多年前在南非定居。他是世界上最知名的新生兒科醫生之一，以其在周產期神經科學方面的研究而聞名。他的研究工作主要在南非開普敦的莫布雷婦產醫院進行，他在那裡觀察到新生兒在出生後與母親的初期接觸的重要性，並發現當母親與嬰兒有密切接觸（皮膚接觸）時，新生兒的死亡率會降低。他是在辛巴威的一次傳教所工作中得出這些結論的。在那裡，他們沒有嬰兒保溫箱，所以他選擇讓新生兒與母親接觸。結果讓他驚訝：這些嬰兒的存活率比放入嬰兒保溫箱的嬰兒高出百分之五十！

尼爾斯．伯格曼的研究重點，在於新生兒在出生後的最初幾分鐘和幾小時的神經和生理狀況。他研究過度醫療化的分娩過程中發生的情況，並解釋其中一個後果是在哺乳時會遇到更大的困難。

近年來出現一個具有爭議的議題：在分娩過程中使用合成催產素。在某些情況下，使用催產素來誘發或增強宮縮是必要的。然而，伯格曼醫生警告這麼做所帶來的風險：當使用合成催產素時，身體細胞無法做出正確反應（即催產素受體被關閉），催產素的正常運作遭到干擾。有研究指出，分娩期使用催產素與心理風險有關，尤其在有精神疾病背景的婦女中更為常見。

我認為釐清這個問題十分重要。這麼做並非要杜絕使用催產素，因為在某些分娩中使用催產素是必要的，而是要在心理預防中考慮到這一點。具有精神病史的婦女在懷孕期間和分娩後的幾個月內應接受密切的追蹤和治療。

根據尼爾斯．伯格曼醫生的說法，生命最初的一千分鐘對人類來說是基本且重要的。在出生的一刻，嬰兒與外界有了第一次接觸。是母親將嬰兒從受保護的子宮帶到外面的世界。分娩是一個極度緊張的關鍵時刻。當分娩出現困難且有巨大壓力時，嬰兒的大腦會感知他來到的地方是一個充滿敵意和不安全的地方，進而產生皮質醇中毒。如果加上嬰兒與母親分離，嬰兒將產生身體和心理上的毒性壓力。在這些創傷性分娩中，皮質醇受體的基因被「關閉」，導致受體過度活化。必須等到警覺狀態過了之後，才能試著恢復平靜。

當分娩順利時，嬰兒更有可能與所面對的世界建立適當的連結，並正確活化催產素受體。我們已經瞭解到充滿催產素受體的好處，這意味著孩子更有可能長成一個富有同情心的成年人。重要的是母親和嬰兒在分娩後在一起，有越來越多研究支持這一點。當他們在一起時，嬰兒的大腦中會出現重要的活化。神經可塑性開始運作：杏仁核和前額葉皮質之間的神經迴路會連接起來。在嬰兒出生後的最初幾個小時之中，情感和腦部之間的聯繫尤其緊密，這種聯繫得到加強。

嬰兒在出生時需要父母親的陪伴和身體接觸。這樣的皮膚接觸是新生兒自然與生理的棲息地。

如果母親在分娩後無法提供照顧，父親的存在則非常有幫助。我曾經歷過非常複雜的分娩過程，其中有些過程是由我的丈夫完成的。男性的大腦對這些時刻也很敏感，我建議他們能在場並感受小寶寶的誕生。

那種密切的接觸會刺激催產素釋放，有助於乳汁順利分泌。如果由於某些情況無法進行這種接觸，我們應試著尋找其他方法，讓嬰兒不會感到身處在一個敵對和具有攻擊性的環境中。因此，我總是建議盡量母乳親餵，但我也明白有很多因素讓餵母乳這件事變得困難或無法實現。在這些情況下，我建議即便在使用奶瓶餵奶時，也盡量觸摸嬰兒，大人可以唱歌給寶寶聽、幫他按摩，甚至講故事給他聽。

我其中一個孩子的出生經歷使人深受創傷。我知道皮膚接觸的重要性，所以我要求在他出生後立即與我接觸。然而，分娩過程出現了問題，當我從麻醉中醒來時（因為疼痛實在難以忍受，醫生必須將我麻醉才行），他已經在保溫箱裡了。我想去看他，但他們告訴我需要先穩定他的情況，因為他遭受了很大的壓力。我絕望地哭泣，以前從未有過這樣的經歷，這讓我無法止住淚水，在分娩後的最初幾個小時裡，我被巨大的悲傷所淹沒。我猜想藥物治療與那些瞬間的荷爾蒙變化結合也有影響，但那種空虛的感覺真是可怕。

過了漫長的幾個小時，深夜一位護理師來檢查我的疼痛情況。我抽泣著懇求她讓我看寶寶一眼，告訴她我還沒有見過他，在那之前她只給我看了一張插滿管子和線路的照片，我的痛苦無法言喻。我向她談起我是一名精神科醫生，談到催產素、皮質醇、皮膚接觸等等。這位護理師可能對我的堅持和焦慮感到驚訝，她的表現就像來自天堂的天使。她鼓起勇氣，在兩名護理助手和我丈夫的幫助下，讓我坐上輪椅，把我帶到了加護病房。

當保溫箱的玻璃打開時，我伸手撫摸我的孩子，而我的淚水竟「魔法般地」止住了。我在那裡待了幾個小時，完全不想和我的寶寶分開。

接著我被帶回房間休息，但幾個小時後，我又感到需要和他在一起，淚水再次湧出，即使我知道「一切都好」，但我仍無法平靜下來。那一天，我大部分的時間幾乎都坐在輪椅上，手放在他的背上，輕輕撫摸著他。對我的心靈來說，那就像是一種慰藉。不久之後，我的乳汁分泌開始增多，我要求在加護病房餵養他。

這就是關鍵所在，一次創傷性的分娩並不會決定一生。有些嬰兒出生時對創傷更敏感，有些則更有韌性，並且遭受的負面影響較少。類似的情況也會發生在母親身上。有些母親帶著恐懼和焦慮分娩，難以與即將出生的孩子建立聯繫，而有些母親則能夠在不利的環境下與寶寶建立健康的連結。

在西方世界，我們對新生兒科仍有很多問題需要了解和解決。如今我們知道剖腹產時催產素的增加速度並不相同，這就是哺乳可能會延遲幾個小時或幾天的原因。

如果我們想增強親子關係、催產素的受體和減少皮質醇的增加，那麼盡早進行肌膚接觸對嬰兒和母親的大腦來說都是一種慰藉。情況允許之下，我建議以母乳餵養嬰兒。如果不可行，那麼保持與嬰兒的身體和情感接觸則有助於緩解所遭受的傷害：抱著他、唱歌、講故事給他聽，或幫他輕輕地按摩。

母親的氣味和聲音

你肯定看過一個孩子在奶奶、叔叔、阿姨或保姆的懷裡傷心地哭泣，但當他的母親抱起他時，他就突然安靜下來的畫面。

這究竟是什麼原因呢？一篇刊登於《當代生物學》（*Current Biology*）期刊裡的文章中，達倫．洛根（Darren Logan）醫生解釋了胎兒在母親懷孕期間所處的羊水具有一種他能辨識的特殊氣味。當嬰兒出生時，這種氣味會附著在他的全身，並成為他第一次呼吸到的味道。除了氣味之外，聲音在嬰兒的出生過程也非常重要。他在九個月的時間裡一直聽著母親的聲音，於是一聽到母親的聲音，他的臉上就會露出笑容。

因此，從很小的時候開始，從生理和自然的角度來看，母親的懷抱成為他們的安全之地，因為他們的大腦感覺母親就在身邊時會感到平靜。某種程度上，這種接觸彷彿活化了出生之前的記憶，而那時候沒有任何不適。

嬰兒需要長時間的睡眠，睡眠中會發生許多重要的神經變化。當他們感覺到母親時，會比感到孤立和無保護時睡得更安穩和平靜。我將在接下來的章節中詳細解釋這一點。

6 互相觸摸對生存是必要的

皮膚上的受體

觸摸、撫摸、微風等感覺都會通過皮膚上的梅斯納氏小體（Meissner's Corpuscles）和巴齊尼氏小體（Pacinian Corpuscles）的感覺受器傳遞到大腦。它們負責感知觸覺或溫度，包括溫度的變化、撫摸、輕拍、碰撞或衣物的質地等。這些感覺受器分布在身體的不同部位，但在指尖和口腔中尤其多。

當感覺受器接受到刺激時，會將信號傳遞到前額葉皮質，該區域會分析接收到的刺激類型。女性的手指非常敏感，這可能是因為女性的手比男性的小，感覺受器的分布網絡更加密集，因此感知強度更高。

梅斯納氏小體能感知細微的觸摸，主要分布在指尖、口腔和舌頭。而巴齊尼氏小體位於皮膚更深處，負責深層壓力觸覺和震動感覺，它們主要分布於四肢，因此有助於偵測威脅。

當我們擁抱一個人時，我們感受到的壓力就是由巴齊尼氏小體活化的。擁抱有助於讓我們感覺更好，並能降低皮質醇水平。

缺乏身體接觸會使人生病

疫情封城期間，我認真地研究了觸覺和人際之間的關係。長時間的隔離使我更加深入探索這個令人著迷的主題。

其中一本讓我著迷的著作是人類學家阿什利．蒙塔古（Ashley Montagu）的《接觸：皮膚對人類的重要性》（*Touching: The Human Significance of the Skin*）。這本書探討了觸摸在個性、情感世界和行為中的重要性。如果你想深入研究這些主題，我建議你閱讀這本書。

蒙塔古講述了一個發生在十二世紀神聖羅馬帝國時期的故事。霍亨斯陶芬王朝的皇帝腓特烈二世想知道最原始的母語是什麼，他好奇如果兒童在幼年沒有人教他們任何語言，他們會如何說話。於是皇帝送了幾個嬰兒到一所機構，要求給予他們正確的照顧，但禁止任何人與他們交談，不讓他們聽到任何語言或接受任何情感關懷。這個實驗的結果是毀滅性的：沒有一個嬰兒能夠存活下來。因為他們熬不過沒有任何溝通也無法感知照顧者面部表情的處境。

蒙塔古在書中回顧了觸摸在歷史上的演化。他描述上世紀初，美國住院兒童的死亡率是百分之百。紐約市知名兒科醫生亨利・德懷特・查平（Henry Dwight Chapin）於一九一五年提交了一份報告，他對一個迫切的問題表示擔憂：幾乎在所有的機構、孤兒院或醫院裡，兩歲以下幼兒與母親分離並住院的情況，其死亡率近乎百分之百。這份報告受到美國兒科學會的分析，許多不同的醫生對此發表了自己的意見，並提出類似的觀點：這些地方的硬體設施、衛生條件和情感支持情況相當惡劣。

當時究竟發生了什麼事？那時哥倫比亞大學教授暨紐約醫院兒科醫師路德・愛默特・霍爾特（Luther Emmett Holt）宣揚的思想正盛行。他出版的《兒童的照護與餵養》（*The Care and Feeding of Children*）一書十分成功，並影響了大家對待嬰兒的方式。他在該書的十五個版本當中提出了一些想法，例如：不表現出對孩子的情感和親密感、避免在孩子哭泣時抱孩子、設定固定的餵食時間，以及禁止使用搖籃。第二次世界大戰後，人們開始深入研究嚴重的兒童疾病，包括消瘦症。

消瘦症與其他營養不良疾病，如瓜西奧科兒症（又稱惡性營養不良症）和惡病質，都是由於母親不餵食孩子，導致孩子在生命的第一年和第二年之間發生極度營養不良的情況。這種情況會導致全面熱量不足，最終可能致死。

弗里茨・塔爾博特（Fritz Talbot）是波士頓的一位兒科醫生，他走訪了不同的國家尋找消瘦症的原因。在第一次世界大戰之前，他曾參觀德國的一些孤兒院和醫院。在那裡，他發現人們意識到在嬰兒住院期間提供情感支持的重要性。在杜塞道夫的一家醫院發生了一件令他深感震驚的事。他參觀的那所醫療中心的主任帶他去看不同的兒童病房。那裡的條件良好、健康、乾淨且令人愉快。他在其中一個房間裡看到一位年長女士抱著一個嬰兒。他驚訝地問她是誰，施洛斯曼醫生回答說她是安娜，她負責照顧那些被醫生放棄治療的嬰兒。她用她的觸摸和愛心來「治癒」他們。於是我們可以推測，她給予這些嬰兒的愛和親密接觸，能夠喚醒掙扎求生的孩子們更深層的生理機制。

雷內·斯皮茨（René Spitz）是一位美國心理分析師，他也對兒童的衰弱症狀感到擔憂。他深入研究了一歲以下的兒童症狀，那些兒童在沒有母親或親密依附對象陪伴的情況下入院三至五個月。儘管這些兒童接受了適當的治療，但他們在機構照料者身上並未獲得情感上的關愛和溫暖，且與母親疏遠。在觀察數百名嬰兒之後，他提出了「依附性憂鬱症」或「住院症候群」的名詞，用來形容那些被收治、孤立、獨處或被遺棄在醫院或孤兒院的兒童所出現的病理現象。由於缺乏母親的陪伴，他們無法適應這種艱難的環境，導致身體發育出現延遲（極度消瘦和營養不良），並出現憂鬱症狀（例如溝通和表達困難）、眼神呆滯、缺乏動作和精力，以及食慾不振。這些症狀再加上免疫系統下降，使他們更容易受到感染或罹患重病，很多孩子最終不幸去世。那些被忽視情感需求的嬰兒則漸漸封閉自己。

這種症候群也出現於被遺棄在醫院或孤兒院的孩子身上，他們需要花一段時間才能與親密依附對象（養父母或照顧者）重新建立身體和情感接觸。有趣的是，在許多情況下，嬰兒與母親重新連結或被一個充滿愛的家庭收養之後，這些症狀往往會得到緩解。

在貧窮的環境中，如果母親對孩子悉心照料且充滿關愛，其死亡率比那些有充足食物、條件較好，但情感表達較少或幾乎沒有情感表達的孩子來得低。這種缺乏情感的照顧可能會導致消瘦症，甚至死亡。

分析過這些研究後，紐約貝爾維尤醫院採取了一項措施，讓嬰兒能被抱起並向他們表達關愛。幾年後，死亡率下降到百分之五十以下。

斯皮茨是在情感層面提出這些機構的惡劣條件相關議題的先驅者，但很快地約翰·鮑比（John Bowlby）、哈利·哈洛（Harry Harlow）和瑪麗·愛因斯沃斯（Mary Ainsworth）的研究接踵而至，在心理和情感領域引起了革命，我將在關於依附的章節中重點介紹這些研究。

皮膚、觸摸、催產素、心智和健康密切相關，所以我始終堅持從幼年時期開始重視身體接觸的重要性。

是的！在過去幾個世紀中，我們犯了錯誤，但這個訊息是令人振奮的，我們正朝著正確的方向前進！感謝研究和資訊傳播，我們正在使這個有時過於冷漠和疏遠的世界變得更加友善和安全。

7 催產素總是讓我們驚嘆不已

米老鼠的變態：幼態持續

你一定有過這樣的經歷。你在街上走著走著，突然看到一個約莫一歲、胖嘟嘟的可愛小孩，他睜著大大的眼睛微笑看著你。你很難不被這張可愛的小臉所吸引，而且回以微笑。也許有一天，你看到一部關於小狗的紀錄片，讓你感到非常溫暖，或者看到一個洋娃娃、一個卡通角色，或者一張熟人小時候的照片，這些都會讓你在心裡浮現一個微笑。在這些時刻，你的大腦發生了什麼事呢？接下來我以米老鼠的例子為你解釋。

這隻史上最有名的老鼠在創造之初就經歷了一個變化。在二十世紀初，它是一隻有著黑色耳朵、細長雙腿和突出鼻子的成年老鼠，有著戲謔和頑皮的行為，完全不像我們今天所認識的可愛小老鼠。

設計師們意識到，必須將米奇變成一個更親近兒童、更值得喜愛和崇拜的角色。他的轉變包括改進他在動畫中的行為，但最根本的改變在他的外貌上，設計師使他的容貌變得更像孩子。這就是所謂的「幼態化」（neoteny），這個詞來自希臘語中的「neo」（年輕）和「teinein」（延伸），指的是在成年人身上保留幼年或嬰兒特徵的過程。

幼態化的特徵有哪些？現在的米老鼠頭部更圓，眼睛大而低，嘴巴小，臉頰鼓鼓的，還有圓胖的腿和手臂等等。另一方面，當我們看到細長的腿或大鼻子時，並不會產生親近和溫馨的感覺，當然也不會引起想照顧和保護的欲望！這些特徵會隨著時間逐漸淡化。

幼態化（即看到嬰孩的特徵）會啟動人類的內部機制，產生柔情並促進情感依附和關懷，因為在這些時刻催產素會分泌。

在催產素的作用下，觀察嬰兒的特徵會產生平靜和溫馨的感覺。

這就是電視和腦神經行銷行業使用這些技巧來吸引觀眾的原因；從凱蒂貓的變化到汽車界的轉型都是如此。福斯的金龜車和寶馬迷你就是根據幼態化的概念設計的。如果你仔細觀察，這些車的車頭模擬了大眼睛和寬廣的額頭，讓人產生喜愛和溫柔的感覺（在汽車主題談論溫柔是多麼複雜的感受啊），或者是保護欲。

我們已經知道，看到這些可愛的汽車會活化催產素，這就是為什麼這些汽車會如此受到對這種機制非常敏感的女性所喜愛。我猜想電影業也知道如何將這些主題搬上大銀幕，製作像《汽車總動員》或《飛機總動員》這樣的賣座電影，電影裡的物體令人產生了親近感和友好感。

我想指出一個有趣的事情。維他命人是指那些在性格、思維和人際關係上保持了幼態化特徵的人，而非在外貌上，因為外貌會隨著年齡的增長而改變。

保持年輕、純真無邪、具有感染力的笑容，維持對世界感到驚奇的能力和對學習的渴望，這些皆有助於我們和與我們共處的人身上分泌催產素。

在工作上

與你分享一個關於我的朋友胡安（Juan）在Glovo外送平台工作的案例。我總是把我的事情和約會事項寫在一本Moleskine記事本上，而且每年都會換顏色，歷年來的每一本都保存在抽屜裡，這樣能讓我回想起所經歷的事情。我把記事本放在包包裡，小心翼翼地保管著，以免遺失。有人建議我將它數位化，但我喜歡寫下來、劃掉和看到它們實實在在地呈現在紙上。

有一個星期三的早晨，我發現我把記事本忘在家裡了。有人通知我去開一個會議，但我記不得當天是否有其他事情。我需要我的記事本，於是我透過外送平台把它送到辦公室。

過了一會兒有人敲門，是一位個子高高的外送員，他背著外送平台的黃色背包幫我送來了裝有記事本的包裹，然後他就離開了。我站在那裡查看有空的日期，突然聽到有人一邊講電話一邊啜泣。我走過去，看到外送員脫下了安全帽，哭得很傷心。我問道：「你需要幫忙嗎？」

他答道：「沒有人幫得上忙，我的情況很嚴重。」

我說：「我是處理嚴重問題的專家，也許我能幫到你。」我讓他進入我的辦公室，他把他的事情告訴了我。

「我母親住在委內瑞拉，她病得很嚴重，需要接受治療才能康復，我和兄弟姊妹以及表兄弟姊妹們籌到了錢寄給她。剛剛我們收到通知，匯款公司把我們寄出的錢弄丟了，我母親無法接受治療。我不知道該怎麼辦，我手上還有一些待處理的訂單，但我現在整個人不知所措。」

我內心猛地一縮。他名叫胡安，身高大約一百八十公分，但看起來卻像個小孩子。他深深觸動了我，我花了一些時間安撫他並與他交談。幾分鐘過後，他回到工作崗位，我告訴他隔天再來找我。

我再次見到他時，他已平靜許多，而且有了解決問題的計劃。他看到我桌上的書，便問我該如何讓好事也降臨在像他這樣的Glovo外送員身上。

我沒有絲毫猶豫，對他說：「外送員前往顧客的家，但與顧客產生的接觸幾乎是無法察覺的。在很多情況下，我們無法看到對方的臉，因為安全帽遮住了視線，而這個瞬間通常不超過十五秒。我建議你在工作中投入熱情和熱忱，原因有二：第一，當你在生活中注入熱情時，你的大腦會產生重要的神經變化；第二，當你從熱忱中行動時，人們能夠察覺並感受到，美好的事情就可能發生。」懷有熱忱的人會成為「維他命人」。當然，我也向他提到了催產素。

幾個星期後，胡安打電話給我，他去馬德里市郊送外賣。過去幾天，他改變了他的「交貨方式」：他脫下安全帽，微笑地向開門的人打招呼。接著，某一天中午發生了一些事。他送一份訂單到一戶人家的花園裡，並友善地告訴對方食物還是熱的，他在廚房聽說如果重新加熱，食物會失去風味。屋主非常客氣地告訴他，明天早上他將開始面試招聘一名司機。屋主正在尋找一個友善、值得信賴而且熱愛工作的人。當他問胡安是否有興趣應徵時，胡安回答說要諮詢一下他的心理醫生。屋主感到驚訝，他不明白為什麼胡安要打電話給我。

「為什麼你要諮詢你的心理醫生呢？發生了什麼嚴重的事情嗎？」

我告訴胡安他必須告訴對方全部的真相。兩天後，胡安再次拜訪我。

「我誠實地敘述了我的故事和我母親的疾病。他雇用了我。瑪麗安，你的建議對我有很大的幫助。我衷心地感謝你。」

我喜歡談論胡安，因為我相信他能夠幫助我們理解，在生活中懷著熱情並帶著自信工作可以改善身心健康，並且創造無限的機會。我相信建立起充滿催產素的連結會改善他的就業狀況，當然個人狀況也會一併改善！

那位雇用他的先生在銀行工作，他幫助胡安籌措了他母親治療所需的資金。

信任和友善能夠開創機遇。
如果你在工作中運用催產素，結果會更令人滿意。

工作場所是我們與人接觸最多的地方之一。人們會在工作上建立各種情感關係，包含從冷漠疏遠到在忙碌工作中產生的戀情。遠距工作在疫情期間發揮了重要的作用，但也對社交關係造成了一定的影響。

當公司的信任度較高時，所產生的催產素能讓團隊更快形成，並且更有效地共事。保羅．J．扎克在他的研究中解釋了這一點。團隊需要兩個工具才能充分發揮成員的潛力：一個是成員之間的信任，另一個則是對工作意義的理解。這兩項都有科學根據，能夠確保提升公司文化和獲得更多的利潤。

幾年前，我和我的兩個姊妹和一位好友共同創辦了ilussio公司。我們的想法是在企業中發展講座、研討會和個別課程，幫助員工提升情商，發揮他們更好的一面，同時採用工具來鞏固團隊。成果總是令人驚訝且正向的，這對公司來說是一個誘導劑，因為情感和人性的因素首次被帶入了工作中，進而為工作賦予了更大的意義。

研究已經證實，當團隊成員之間的信任度高時，催產素會流動，工作任務會變得更與快樂相關，而非令人聯想到痛苦。

人們會在工作中建立最強烈的連結，最新研究指出，良好的社交關係可以刺激和提升生產力。我堅信在企業中營造健康的環境得以提高工作效率和成果，同時使人們更加快樂。

我認為一個人與同事的關係在生活中是至關重要的。如果我們每天花八個小時在工作上（樂觀估計），那麼為了我們的健康（不僅僅是心理健康），這些關係必須是和諧的，或者至少是不壞的。每個人都必須盡力讓環境變得愉快，儘管在許多情況下，一個有毒的人確實會破壞一個原本優秀的團隊。

現今有些企業鼓勵極度緊張和競爭，這可能導致員工無法忍受的氛圍。雖然沒有完美的解決方案，但我認為解決的關鍵始終在於那些金字塔頂端者的人性，也就是所謂的負責人。選擇高層管理人員和從屬於他們的職位時，應該考慮他們的人格特質以及他們在團隊中所營造的環境。在許多案例中，我見證了優秀的領導者是如何垂直地影響整個企業組織，注入催產素，或者至少在他身邊的下屬中營造出一種友善的氛圍，而這種情況很不幸地在很多企業中並不多見。

公司不應該提拔在人格方面有負面紀錄的人擔任高階職位。如果人際關係充滿競爭和毒性，將會導致員工選擇獨立工作，不信任團隊合作，並總是期望看到競爭對手出錯，感到壓力過大，皮質醇中毒，因此更容易「崩潰」。

與寵物相處

二〇一二年，我的一位摯友拉法（Rafa）因患上肌萎縮性脊髓側索硬化症（簡稱為ALS）過世了。我記得在他去世的前一晚，我到他住院的醫院向他告別。在那之後，我回到我在鄉下的一間房子，那幾天心情沉重，於是我去散散心。那天我坐在一塊石頭上俯瞰臨近的小鎮，思考著生命、死亡和疾病，失去一位二十幾歲的朋友是個沉重的打擊。幾分鐘後，我注意到有人站在離我幾公尺遠的後方。我轉過身，看到了巴爾迪（Balty），一隻非常特別的黃金獵犬，牠看到我的手勢後走過來並蜷縮在我的身邊。接下來的幾個星期裡，牠一直陪伴著我，沒有一刻離開我的身邊。

在我的記憶中，有一位病人經常以充滿愛的口吻談論他的貓。在與女友分手後，他告訴我他的貓是他最大的支柱，減輕了他孤獨的感受。

我還想起帕德莉夏（Patricia），一位患有嚴重自閉症的年輕女孩。她在多次治療後未能有顯著改善，於是開始騎馬。從那時起，她和馬之間產生的美妙互動對她與他人的關係產生了正面的影響。

照顧動物確實會對我們產生重要的影響。在日益孤立和個體化的社會中，擁有寵物已經成為十分常見的現象。

是什麼使動物在情感世界中如此重要？一些研究顯示人與狗共同生活的好處，例如能夠減少感冒、冠心病和壓力的風險，並且由於每天必須至少遛狗一次而增加了運動習慣。

催產素這種荷爾蒙是否與這種特殊關係有關呢？《科學》期刊於二〇一五年刊登一項由日本相模原市麻布大學的長澤美穗（Miho Nagasawa）博士所進行的研究，她長期觀察三十個人照顧與對待他們所養的狗的情況。實驗前後測量了他們尿液中的催產素，結果發現主人的體內釋放了催產素。有趣的是，這種增加同樣也發生在狗身上。根據長澤博士的說法，這種連結類似於母親與子女之間的連結。

另一方面，研究已經觀察到人與動物在不同年齡層的直接接觸可能是有益的。例如，有研究已經證實有農場和動物的學校，能增強年幼孩子在遊戲和同儕關係方面的表現。對於青少年而言，這有助於情緒表達和關懷意識的提升，因為他們需要對一個與自己無關的生命負責。對於年長者來說，動物則似乎成為一種友情來源，在缺乏交流的年紀提供情感支持。

對於感到孤單的人來說，擁有寵物是一種動力來源。因此，在許多情況下，養寵物也作為一種治療方法，我經常建議家庭或個人養一隻寵物，與牠建立感情連結並照顧牠。

我喜歡擁抱

擁抱是童年與親子關係的一部分，親密地撫摸和觸摸孩子很重要。當他們跌倒、受傷或悲傷地回到家時，獲得一個擁抱對他們來說就是一種慰藉。在受傷後，他們會要求一個吻，這麼做似乎有治療效果，我確信催產素在這些時刻起了作用！擁抱他們不僅能緩解痛苦，更是一種增強免疫系統的鎮痛劑。

擁抱有助於改善溝通，因為其中隱含著「我不會評判你」、「我理解你」、「我愛你就是你」、「我想你」等等的訊息。

透過身體和擁抱表達愛意有助於改善溝通。孩子們需要我們擁抱和親吻，我們知道這有助於提高他們的自尊和情緒管理能力。

皮膚會記得，就像一個受到鞭打、毒打或虐待的孩子會將這些記憶儲存在細胞記憶中一樣，那些在身體和情感上獲得愛的孩子則存有豐富的情感面對未來。這對他們的性和情感世界也有重要影響。但這不僅僅發生在孩子身上；當我們的父母年紀漸長時，有時他們會失去身體和心理的能力，這會引發他們的悲傷和焦慮。他們感到孤獨和孤立，而與他們牽手、擁抱或親吻是一種幫助緩解負面情緒的簡單方法。

未獲得肢體接觸的長者心中會充滿悲傷和失去希望的感覺。我們不應該忘記，許多人在過生日時會感到孤立、與世界脫節。久未見面後與人重逢，那幾秒擁抱所表達的感情，對他們來說就是一種慰藉。

有研究顯示，在情感表達不足的伴侶關係中，述情障礙（即無法通過肢體和言語表達情感）是導致伴侶關係危機的原因。在表達愛意的方式上存在失償的情形。

擁抱能夠治癒、安慰和帶來平靜，並改善情緒狀態。

觸碰是釋放催產素的最佳方式之一，從撫摸、親吻到擁抱。根據保羅．J．扎克的說法，每天都應該擁抱約八次。只要不讓對方感到不舒服，我會盡可能地這樣做。在仍存有疫情限制的情況下，讓我們擁抱身邊的人吧，他們是我們最親近的生活圈，也是感染風險最小的地方。

我的大兒子是一個透過擁抱使人充滿催產素的專家，最近他給了我一個建議，而我試著實踐：「當你擁抱我時，安靜地抱著我；這樣我們更能好好感受和享受。」從那時起，我聽從了他的建議，他是對的！我沒有真的量化過，但我確信這會產生更好的效果。

以下是一些刺激催產素分泌的方法：

- 聆聽音樂並享受它
  一項發表在《PLOS ONE》期刊上的研究分析了聆聽輕鬆和節奏輕快的音樂後，催產素水平的變化。該研究觀察到皮質醇的水平下降，而催產素的水平上升。
- 接受按摩或給予按摩
  在感到壓力時放鬆按摩有助於緩解緊張感，同時也會產生催產素，幫助改善感受。
- 養一隻寵物
  正如我們前文討論過的，研究顯示養寵物所感知到的比我們想像的還多。飼主感到與寵物之間存在著一種連結，他們的催產素水平也會增加。
- 享受並逗你愛的人開心

與我們所愛的人共度時光會大幅增加催產素。

● 冥想、禱告和正念

這些與超然的存在建立關係的技巧和方式非常有助益，但在這種特定情況下，我建議進行冥想、禱告或正念思考時，專注於特別愛的人或感激的人。

8 孤單不是一件好事

感受到愛、陪伴和被接納能提升自尊和自信。此外，健康的關係對我們的心理狀態也有影響，因為良好的關係可以緩解最嚴重的創傷。相反地，長期感到孤單會對我們造成巨大的傷害。一方面，孤單伴隨著多種自體免疫疾病、發炎、慢性病、神經疾病、腫瘤和精神疾病。另一方面，孤單也是增加罹患憂鬱、焦慮、失眠和許多身體疾病風險的因素。

孤單和隔離是不同的。後者指的是與他人保持極少的接觸或是零接觸；因此，這是一種客觀的狀態。而孤單則是主觀的，源於無法找到或保持我們所期望的人際關係。孤獨之所以是主觀的，是因為它並不取決於我們是否有朋友，而是由於我們所擁有的與我們真正想要擁有的，兩者間的不平衡。

選擇孤獨是自我認識的起點。放慢腳步，停止並斷絕與外部刺激的聯繫（其中可能有過度的情感和社會噪音），就能幫助我們停止皮質醇中毒，而社會中大部分的人都深陷其中。

孤單的羞愧感

當孤單、羞愧和內疚這三者共同存在時，會將一個人置於危險的處境。在這些情況下，我們的心智尋找著逃避的出路，例如服用有毒物質、毒品成癮，甚至在最嚴重的情況下會用自殺的方式避免痛苦。就我所知，每一個曾經有自殺企圖的人都曾表達過孤單的感受。

有一件事讓我開始對這個問題深思。大約四年前，我去了一趟哥倫比亞，為好幾所學校的教師、家長和學生舉辦幾場講座。在講座期間，我要求年輕人寫下他們對某個特定問題的建議。講座結束後，我收集了那些紙條，大致瀏覽開頭的幾句話。晚上回到飯店後，我仔細閱讀了每一張紙條，而其中有超過一半的紙條都提及了孤單的感受：「我感到孤單」、「如何克服不屬於任何團體的感覺？」、「我的逃避方式是使用社交網路，我有好幾個帳號來排解孤單」、「沒有人真正愛我」、「我感到不被理解」。當時我意識到這可能成為第二本書的主題：找到減輕社交空虛的方法，療癒那些使我們無法與他人建立健康連結的傷痛，並找到能充實靈魂並讓我們感到被陪伴的「維他命人」。最後一張紙條上的話進一步證實了這一點：「為什麼有時我感受到孤單的痛苦和身體的疼痛一樣強烈？」

社交疼痛是什麼？

當朋友們約吃晚餐卻獨漏你，誰不曾因此感到不悅？誰沒有因為被羞辱或被拒絕而痛苦過？當我們感到被排拒在外時，大腦會發生什麼變化？我想要傳達給你一個重要的觀點：社交疼痛和身體疼痛是以相同的方式帶來痛苦的。當我們受到身體上的疼痛時，前扣帶迴路會被活化，而當我們感到被羞辱、拒絕或不被愛時，同一個地方也會被活化。這兩種痛苦都會引起壓力，因為除了活化前扣帶迴路之外，它們還會促使皮質醇分泌。

在治療中，我經常探究患者童年和青春期的創傷階段，而我堅持的一點是要知道患者是否曾在某個階段感到被冷落。從這些痛苦的情緒出發，我試圖修復這些傷害，以減輕其對患者成年後的影響。

社交疼痛可能以不同的方式在童年時期產生，從輕微的創傷到嚴重的傷害都有可能。任何在童年時期因他人而產生痛苦經驗的人，都會在靈魂中帶著未來人際關係的脆弱性，因此，在經歷創傷後，絕對不能讓自己孤單一人，絕對不能。我會不厭其煩地一直重複這句話，無論需要重複多少次都無妨。比起有人陪伴共同面對痛苦，獨自一人承受痛苦產生的負面與有害影響要大得多。然而，我的經驗是令人懷抱希望的，我發現一個遭受背叛的孩子不一定會成為一個不信任別人、情感疏遠又冷漠的成年人。

對抗孤單的指南

我在這裡提供一些小建議，當你感到社交空虛和焦慮時能幫助你。

- 關心你周圍的人。這代表不時問問你生活周遭的人他們的憂慮、恐懼和生活，讓他們感到可以依靠你。
- 如果你的生活中有重要的人，但你無法與他們面對面交流，可以嘗試透過視訊來聯繫，好讓互動變得更加充實。電話聯絡比不上視覺聯繫產生的連結。
- 多擁抱。我知道疫情使人無法這麼做，不過一旦有機會，請試著恢復這個健康的習慣。如果你與孩子們一起生活，請經常擁抱他們。這種身體接觸能增強免疫系統，促進他們的認知發展。
- 避免沉迷於螢幕，請時不時進入離線模式。美好的事情發生在現實生活中，而虛擬世界只是基於即時的滿足感而已。

二〇一二年，加州大學洛杉磯分校的雅達．烏爾斯（Yalda Uhls）進行了一項有趣的研究，該研究分析兩組年輕人的共情水平。第一組參加一個夏令營，期間不使用科技產品，而第二組則繼續過著他們的數位生活，維持使用科技產品的習慣。結果是第一組的共情水平提高了，非語言溝通能力也獲得改善。

- 如果你感到孤單，請保持善良的心！一個善良的人會讓周圍的人生活得更愉快。善良的人是讓人接受愛的人。缺少了這個要素，人與人之間的關係將變得困難且複雜。最好的關係是我們能感受到他人的支持，反之亦然。我們應該理解沒有人是完美的，但我們應以最友善的方式接受彼此的限制。透過善良和同理心（催產素起著關鍵作用），我們可以原諒和療癒許多人所經歷的傷痛。
- 幫助他人。我非常鼓勵在情況允許之下盡可能多參與慈善工作和志願服務，這可能是我一生中對我幫助最大的事情之一，也是它改變了我。我建議那些感到孤單的人可以將此視為一種療法，同時也推薦給那些希望變得更好的人。

許多機構做過關於合作的研究，探討合作對大腦的影響。例如，娜歐蜜・艾森柏格（Naomi Eisenberger）博士在二〇一六年的研究中證實，幫助他人的經驗可以減少大腦中與壓力和威脅相關區域的活動，包括杏仁核、前扣帶皮層和前島葉皮層。相反地，它會刺激與獎勵和注意力相關的區域。這就解釋了為什麼二〇一七年《老年學期刊》（*Journal of Gerontology*）的一項研究分析寡婦集體的孤獨程度，發現只有每週參與志願服務活動的寡婦才不感到孤單的原因。

依附

人的祖國是他一生中的前六年。

——安立奎・羅哈斯（Enrique Rojas）

9 何謂依附？

最初的連結

我們出生時的環境和童年時期的陪伴者對我們的成長發展具有重大影響。正常情況下，我們的依附對象通常是父母；在其他情況之下可能是單親的母親、祖父母、叔叔、阿姨、保姆、老師等人，甚至在更複雜和困難的情況下，可能是寄養家庭。早產兒如果在出生後的最初幾週甚至幾個月內都在保溫箱裡度過，無法與母親接觸，這也會對他的情感和依附的世界產生影響。

父母和照顧者在嬰兒生命的最初幾年與他們建立的連結就是依附關係。嬰兒在無意識中感知到自己被愛和照顧的方式，以及他們的需求是否得到滿足，這將對他們成年後的人際關係、個性發展、認知能力以及身心健康產生深遠影響。

家庭中有一群人——父母、兄弟姊妹、祖父母或照顧者——這些人將影響孩子所發展的依附類型。

舉例而言，如果孩子受到欺凌，可能會對他與同儕（即朋友）的關係產生不良影響。依附始於父母，但隨著時間推移，孩子結交的朋友也會產生很大的影響。如果同伴對他造成不良影響，這將對他在成年後與同輩的關係產生負面的投射。

在我深入探討這個議題之前，我想先傳達一個樂觀的訊息。雖然成年後出現的許多問題確實在童年時期就有了答案，但我們不應對此持決定論的態度。確實，童年時期不穩定、有害或負面的依附關係可能會在成年後產生嚴重的問題，但我們仍有方法來減輕童年時期可能的不足，從而擁有最健康、最平衡的成年生活。

誠然，有時童年時期的創傷很深，對我們與他人的關係，甚至對我們的身心健康都會直接產生影響，這幾乎是因果關係。某些傷口無法完全痊癒，這種情況下，治療必須著重在緩解多年後它們仍然造成的痛苦上。

我第一次聽聞關於依附作為個性和心理學基礎支柱的深入討論，是在我完成精神科住院醫師培訓時參加的創傷研討會上。我被深深地吸引了！多年來，我一直在研究、探索和從事與這個主題相關的工作，在諮詢中聆聽故事，並處理那些令人難以置信的個人悲劇。根據我在柬埔寨與那些遭到強姦和被迫賣淫的少女接觸的經驗中，我意識到當我們與創傷事件脫節並停止活化它時，心智和身體可以得到很大程度上的痊癒。

關於依附有很多書籍和研究。在參考文獻中，我列出一些我最喜歡的相關作品。如果你有興趣深入了解，我推薦你閱讀拉斐爾・格雷羅（Rafael Guerrero）的《情緒教育與依附》（*Educación emocional y apego*）一書，這本書是補充此主題的絕佳讀物。

如果你為人父母，這些話對你與孩子的相處將非常有幫助。但我的目的是要你與曾經是孩子的你建立聯繫，我希望你了解你自身為人子女的故事，了解成年人的你如何形成與他人相處的方式。

了解依附對於理解我們與他人相處、選擇伴侶或與孩子互動的方式背後的心理機制至關重要。

當別人詢問你意見時，會去評判別人是很正常的。如果有人向你尋求幫助，要保持中立或客觀的立場非常困難。每個人都有自己的信念系統，別人的故事可能會撼動我們的世界。以我個人為例，當一位家長向我詢問有關他們孩子的問題時，我不會評判，因為我始終相信他們一直在為孩子做出最好的努力。唐納德・威尼科特（Donald Winnicot）談到了「足夠好的父母」，也就是指他們在自己所知道、所感受和所擁有的範圍內盡最大努力。很少有父母會故意在情感上摧毀自己的孩子。那些毒害或虐待孩子的父母背後往往是一個病態、不成熟、受傷或無法以健康方式表達情感的人格。當患者與我討論他們與父母之間的不良或複雜關係時，我會跟他們說同樣的話。很多時候，那些父母不知道如何以其他方式處理事情。

曾經的那個孩子

就如我所說的，每個成年人內心深處都有一個孩童時代的自己。你、我、每個人，我們都是人生經歷的結果，最重要的是，我們如何能夠適應發生在我們身上的事情。從出生那一刻起我們就不斷在適應，這漸漸塑造了我們的個性。我們的身分認同主要在童年時期形成。

衝突對你的童年產生了什麼影響？你父母之間的關係如何？在學校的經歷為何？和兄弟姊妹的關係如何？對死亡的最初概念是什麼？你是否曾感到被愛和被理解？你是否被親情包圍？是否有人曾傷害過你，並且那個傷口仍然存在？你是否記得自己的童年？朋友們對你好嗎？你是否曾感覺自己是團體的一分子？你是否曾感到被重視和有能力做事情？

深入了解每個人的依附歷史是一項謹慎而精細的工作。童年和青少年時期的際遇是成年生活中許多問題的根源。要想了解我們目前與環境、伴侶、子女或工作的關係，最根本的是要了解我們的個性是如何形成的。最重要的是，它也對我們如何管理情緒產生重大的影響。

這種我所提及的適應與我們的內在平衡有很大的關係。我們每個人都或多或少有意識地背負著心理的行囊，裡面乘載著喜悅、悲傷、憂愁、成功、羞辱和挫折。我們的個性是我們根據所處的環境和掌握的情感工具所能獲得的最佳結果。然而，這並非總能實現。因此，我們偶爾會情緒低落、焦慮不安、非常沒安全感，內心責備的聲音壓得我們喘不過氣來，或者憂鬱到封閉自己。

許多成年人的身心症狀源於當下情緒的管理不良，由過去的阻礙、傷口未能良好癒合或持續復發的創傷所導致。

在繼續之前，我想告訴你一個柬埔寨女孩的故事，她的證詞對我產生了深刻的影響。

薔珮（Champey）的案例

索瑪莉．曼（Somaly Mam）是一位行動主義者，也是我在柬埔寨合作過一段時間的基金會負責人。有一天，她請我幫忙照顧薔珮，她是個十一歲的女孩，住在索瑪莉在該國設立的中心之一。她受到父親、兄弟和叔叔虐待，並被賣到一家妓院，幾個月來她一直在一個骯髒且條件惡劣的房間裡，顧客們以一美元的價格與她發生性行為（我這樣的描述對這件事的嚴重性還太輕描淡寫了）。在該場所的一次突襲行動中，這個女孩被救了出來。

索瑪莉非常擔心薔珮，她待在中心已經好幾個月了，但總是躲在角落，不讓任何人碰觸她，只會發出一些含糊不清的哀鳴。

有一天早上，我和索瑪莉一起上車，心裡想著我能做些什麼。接近薔珮對我來說非常困難，幾乎不可能，但我在腦中一直尋找方法，好接近那顆受傷的心和遭受重創的身軀。在路上，我們在公路附近的一家餐廳吃了一道傳統菜餚：阿莫克（amok）。餐廳旁有一個攤位，一位女士在賣一些橡皮圈、髮夾和梳子。我想到了一個主意，買了一些東西。

到達中心時，女孩們都跑過來向索瑪莉問好並擁抱她，只有薔珮例外。那個畫面令人難以忘懷。她像往常一樣蜷縮在角落，抱著自己，搖晃著身體。我試圖與她對視，但她始終沒抬起頭。我走到她身邊坐下來，沒有碰觸她，只是看著她環抱雙腿的手。在某個時刻，她抬起了頭，我心中一陣刺痛。我從未見過這樣的眼神。我把手伸進口袋，拿出橡皮圈和髮夾。我用手勢請她允許我幫她梳頭髮。

她一直茫然地看著我，沒有任何反應，我小心翼翼地開始為她梳頭。她沒有反抗，我試圖觸摸她的頭髮，給她戴上我買的彩色髮夾。我重複同樣的動作超過一個小時，心中只有一個想法：想讓她感受到，**我碰觸你，但不會傷害你**。

多年來薔珮都將人們的接觸視為侵犯，任何觸碰都會觸發她的恐懼，使她更加脆弱。幫她梳完頭後，我為她拍了一張照片。當時我攜帶著一台小相機，拍完後我讓她看照片中的自己。我確信她認不出自己來，因為許多女孩在遭受性虐待後會抗拒自己的臉龐和身體。

在那一天和接下來的幾天裡，我沒有離開過她的身邊。我用手勢請索瑪莉帶食物來給我，我來幫助薔珮進食，沉默中我偶爾碰觸她的手，並對她微笑。這已經是幾個月以來能取得的最大進展了。

在我得離開的那天，我走近她，對她說我很快就會回來，但我希望能擁抱她。她露出一抹淺淺的微笑，我擁抱她幾秒鐘。她一動也不動，但我感覺到在她內心湧動著什麼。我的心情十分沉重，但願我能有魔法般的力量來解決她的創傷和痛苦！

當我們開車離開那個地方時，我看到她朝車子跑了過來。我迅速地下車，她用空洞的眼神注視著我，說了聲謝謝。

那是她好幾個月以來說的第一句話。她的武裝解除了，不過還有很長的路要走，但我們已經能與蕾珮合作，為她創造一個更好的未來。

這個案例非常椎心又痛苦，但它幫助我解釋了依附和連結的概念，也激勵我進一步學習這個主題，以繼續幫助那些有未痊癒之傷的人們。

始於童年的情感關係

依附理論是由約翰·鮑比於一九六九年至一九八二年間進行描述和發展的，雖然他在那之前已談論這個議題多年。在二十世紀初，主流理論認為母子感情的基礎在於餵養，更具體地說，是哺乳。根據當時世界上流傳的意識形態，孩子的成長是以食物為基礎，幾乎不需要其他東西。然而，精神科醫生和心理學家約翰．鮑比、哈利．哈洛和瑪麗．愛因斯沃斯以他們的研究證明這種觀念是錯誤的。多虧了他們，我們才知道親情是孩子的基本需求。

我將以最簡單明瞭的方式，闡述每一位研究者對於依附關係在成年期造成的影響持有哪些看法。瑪麗．愛因斯沃斯的研究將單獨成章。

鮑比的依附理論得以重大發展，得益於美國心理學家哈利．哈洛以獼猴為對象，進行對於分離、依賴和社交孤立的實驗，我將在後面詳細介紹哈洛的實驗。

根據鮑比的理論，嬰兒天生擁有一系列由自然界設計的機制，用來引起父母的反應，例如吸吮、微笑、需要被抱在懷裡、嘟囔或哭泣。在他看來，嬰兒產生所有這些刺激都是為進化和生理而設計的，目的是保持與父母的親近和接觸。

鮑比清楚地看到：當嬰兒感知到與母親分離或缺乏親密接觸時，他們會「抗議」。與母親之間的關係對他們來說是至關重要的，因為會為他們探索周圍世界提供安全的基礎。鮑比在為世界衛生組織撰寫的著作《孕產婦照護與心理健康》（*Maternal Care and Mental Health*）一書中警告道，「新生兒和兒童應該與他們的母親（或是永久的替代母親）建立一種持續、密切且溫暖的關係，在這種關係中，他們雙方都能得到滿足和愉悅。」他補充並指出，缺乏這種關係可能對心理健康產生非常嚴重且不可逆的影響。他堅信母親和孩子擁有一些專門用於創建強烈情感連結的基因。因此，他認為「剝奪母愛」，也就是在嬰兒出生後的前幾個月缺乏母親接觸，對嬰兒是有害的，因為這違背了大自然的設計。

鮑比對這個主題進行了許多觀察，他分析在第二次世界大戰期間被迫與父母分離的兒童，發現他們呈現出輕微或中度的認知和智力延遲，此外他們不知如何管理情緒，也不知如何以健康的方式與環境相處。

鮑比堅持認為，接受母愛是兒童健康成長最重要的需求之一。如果一個孩子在他出生後的最初幾年當中感受到不安全，他的身心會進入警戒狀態；換句話說，他們會長期保持著危險和威脅的警示信號。

依附關係為良好的個性發展提供了必不可少的情緒安全感。

美國心理學家哈利・哈洛決定研究鮑比提出的依附理論。他進行了一項具有爭議性的實驗，使用現今已不被道德容許的方法。該實驗是將恆河猴幼猴與母親分離，然後將牠們放進籠子中，籠子裡有兩個物品：一個是連接著鐵絲和奶瓶的裝置，另一個則是柔軟的絨毛玩偶，但沒有奶瓶。

哈洛希望理解這些幼猴在缺乏母親的情況下將如何選擇：是傾向於與類似母親的物體保持身體接觸，還是選擇進食。

這個實驗的結果令我驚嘆。這些幼猴更傾向於接近絨毛玩偶，只有在進食時才會暫時離開，但隨後又會回到絨毛玩偶旁。儘管人們可能想像不到，但這顯示了比起進食，這些幼猴更傾向於持續尋求與母親（或類似母親的物體）的身體接觸。與絨毛玩偶的接觸給予了幼猴安全感；當牠們感到害怕或籠子中發生任何變化時，牠們會擁抱著絨毛玩偶。當絨毛玩偶被拿走時，幼猴會哭泣並尋找它，希望能再次找回那份安全感。

哈洛在研究中更進一步嘗試了更多的實驗，但這些實驗在現今被認為太殘酷且涉及虐待動物而不可能進行。他將其他恆河猴關在籠子裡，持續數週、數月甚至一年，只滿足了牠們的基本需求（食物和飲水）而不提供情感需求（例如絨毛玩偶或任何形式的依附對象）。幾週後，其中一些可憐的恆河猴開始出現無法恢復的被動、冷漠和緊張性抑鬱障礙等症狀。其他恆河猴則停止進食，許多幼猴失去了與他人交流的能力，有些甚至過早死亡。

也許當你讀到這裡時，你會聯想到那些在玩耍或散步時需要一件小毯或玩偶來安撫自己的嬰孩。我的每一個孩子從小開始都有這樣的物品。我特別記得我的兒子安立奎，有幾個月他每天都得去醫院接受痛苦的治療。在那些時刻，他會抱著他的小毯（其實只是我的一條舊圍巾）來安撫自己。氣味、質地和抓握（他用小小的手抓著毯子）都讓我的小寶貝放鬆了下來[1]。

很久以前我讀過阿爾瓦羅·畢爾包（Álvaro Bilbao）所寫有關這個主題的文章。他解釋道，如果新生兒在出生後立即觸摸母親的手指或柔軟的布，這會極大地刺激他們的手掌反射，使他們更加放鬆。我很樂見科學和現代研究越來越頻繁地得出與母性本能和經驗相同的結論。教育、心理學和精神醫學必須攜手並進。知識不斷進步，我無法想像二十一世紀有任何一種教育方式會拋開科學。為此，教師和教育工作者必須毫不畏懼地深入研究心理學；治療師必須努力與老師建立聯繫；父母必須閱讀和聆聽專業人士的建議，充分利用對孩子的教育，進而培育未來的男人和女人的能力。

哈洛的研究證明了嬰兒會尋求親密感和柔軟感來安撫自己。他清楚地認識到：在嬰兒時期缺乏親密接觸會對成年後的生活產生有害影響，並留下難以痊癒的創傷。雖難以痊癒，但並非不可能。在接下來的內容中，我們將詳細討論這一點。

嬰兒從出生開始就需要與照顧者進行互動，這是他們大腦的基本營養。這種親密接觸對他們的心智和身體都是一種滋養。

西奧塞古與羅馬尼亞孤兒院

幾年前的某一天，我在法國機場的電視上看到一則關於羅馬尼亞孤兒院倖存者的新聞。那些畫面太可怕了，還記得當時我感到一陣寒意，面對如此殘忍的畫面，我的淚水模糊了雙眼。

一九八九年，共產主義領袖西奧塞古被處決，留下約兩萬名在羅馬尼亞孤兒院死去的兒童。在多年的物資短缺和經濟崩潰後，羅馬尼亞掀起了一場抗議獨裁者的運動。一九八九年十二月二十二日，軍隊不再服從獨裁者，他和妻子在幾天後被逮捕與處決。

當時，一個被嚴密保守著的祕密浮出水面：關押兒童的可怕機構網絡。西奧塞古獨裁時期熱衷鼓勵夫婦生很多孩子，以在二戰後重新補充人口並推動國家經濟。他希望在十年內增加百分之五十的人口。歷史文件的記載令人印象深刻：對女性的生育實行絕對控制。設立「月經警察」，女性被迫在家裡或工作場所接受婦科檢查，以檢測並追蹤她們的懷孕狀況。如果一對夫婦因任何原因無法生育，就必須支付更多稅款。

這樣的政策帶來了毀滅性的結果；母親的死亡率上升，七〇年代和八〇年代期間，超過十萬名兒童被交由國家照顧。成千上萬的孩子被遺棄在政府的寄宿學校。這些地方的條件極其惡劣，身體虐待也時有發生。倖存者在陳述中描述他們像野生動物一樣被關在籠子裡。理所當然的，這樣的政策在各方面都造成了劇烈的影響，但其中一個最被廣為研究的問題是缺乏與照顧者或成年人的親身互動。沒有人和他們交談，也沒有人關愛、照顧他們。

一九八九年聖誕節期間，西奧塞古去世之後，那些寄宿學校的存在震撼了許多人的心。那些畫面非常可怕：進到三歲以下孩童的房間裡時，只有一片死寂。那些孩子不笑、不說話、不咿呀學語，甚至不哭泣，就只有沉默。科學家們對此感到震驚。

這些得不到關愛的孩子會有怎麼樣的行為？他們搖擺著身體，靜靜地前後搖晃，抱著自己，就像哈洛的小猴子以及我親愛的蕾珮一樣。

一個滿是孩子的地方，怎麼會出現如此毀滅性的寂靜呢？研究者得出的結論很明確：多年來，沒有人對這些孩子的呼喚做出回應，這些孩子沒有建立任何聯繫。嬰兒和照顧者之間的連結未曾被活化，而連結對於刺激催產素迴路並建立安全依附是非常必要的。

美國科學家納森・福克斯（Nathan Fox）於二〇〇一年前往該國調查此事件的情況。新政府的目標是衡量這些虐待行為對年幼孩子造成的後果，並尋找可能的解決辦法。在接下來的幾年中，他發表了一些令人震驚的結果。二〇〇四年，他在《認知神經科學期刊》（*Journal of Cognitive Neuroscience*）上比較了被收容在機構的兒童和有幸被收養的兒童的腦波圖。被收容在機構裡的兒童在關鍵腦區顯示出較低的腦波頻率、皮層張力不足、神經系統不成熟，並且在學習方面明顯有困難。而那些有家庭、已被收養的孩子則表現出更高的認知發展。這些孩子的悲劇再次證明了科學多年來的結論：被遺棄、缺乏情感依附以及缺乏互動和刺激對孩子的大腦造成了極為不良的影響。

刺激以及與孩子的關係對於他們大腦結構的正確發育至關重要。

創傷

童年時期遭受忽視和虐待可能會在孩童的生命中留下印記，並導致精神和情緒疾患，甚至健康問題。幼年時期的有毒壓力會長期活化皮質醇，並減緩神經元連接的正常發育，從而導致學習和行為發展的決定性失敗。

透過腦部影像，我們可以看到當創傷發生時，大腦會出現一種稱為「解離」的狀態，就像是腦部的「斷電」。這是心靈和身體之間的一種分離，因為心靈意識到正在發生或即將發生的巨大痛苦。痛苦可能是一頓毆打、性侵、攻擊性的畫面、屈辱或嚴重的侮辱等。

為求生存，心靈會迴避真相和痛苦。

這種心靈的解離是一種保護機制，目的是避免感受或記錄正在發生的殘酷事實，並在創傷事件再次發生之前啟動。這是那些長期遭受頻繁性侵或虐待的人特有的系統。原因是什麼？就是不去記錄、將其遺忘並避免將這些經歷融入自己的生活中。在我的諮商中，我經常觀察到這種現象。很多時候，當我要求某人敘述一個痛苦的事件時，他們會發現自己的記憶中存在空白。

我記得有一次，一位名為卡門（Carmen）的患者告訴我，在她十二歲時父母離婚的經歷。那幾個月非常糟糕，她不得不面對父母之間的爭吵和暴力，最終她要求和奶奶一起生活。當她試著詳述時，她卻無法完整地敘述整個事件。她對於這段經歷有空白的記憶，她想不起來一些事情。原因很明確，當創傷出現時，海馬迴和杏仁核充滿了皮質醇，事實上，遭受嚴重創傷的兒童皮質醇水平比對照組高。受創者不會將那一刻視為結束，而是保持警戒狀態。這就是許多創傷後壓力症候群（PTSD）產生的原因。這會影響身體正確調節交感神經和副交感神經的能力，換言之，身體對壓力和情緒世界的反應方式導致持續的威脅或過度警覺狀態，任何刺激都可能讓他們驚嚇或變得緊張。這會導致他們在理性和正確認知世界的發展出現問題，或者出現學習遲緩的現象。他們以錯誤的方式解讀周圍的世界，且不知道如何區分壓力和威脅的來源與非危險刺激的東西，這有時會使他們變得不信任他人。

經歷過創傷的孩子更容易生病。現今我們已知他們罹患癌症、糖尿病和某些心血管疾病的機率要高出百分之十。在情緒和心理層面上，他們更容易罹患憂鬱症、焦慮症、更嚴重的心理障礙以及出現自殘的行為。我們明白他們很難以健康的方式溝通和表達自己。因此，建立健康的情緒基礎和安全的依附系統是關鍵所在，如此一來，逆境和不幸的遭遇才不會永遠刻劃在他們身上。

1 作者註：對於這些情緒安撫物品有些非常明確的安全建議，像是不建議讓嬰兒在搖籃裡睡覺時攜帶這些物品，因為可能會有窒息的風險；但是在搖床和嬰兒車上或玩耍時，這些物品對他們可能是有用的。

10 我們像被愛的那樣去愛人嗎？

我認為幫助人們更加瞭解自己的心靈、身體和情緒歷程是很基本的。我試圖透過陪伴人們認識自己的內心，來治癒並緩解靈魂的痛苦，讓他們展現最好的自己。

在我的第一本書中，我從生理和心理角度傳達將頭腦和心靈聯繫在一起的重要性。然而，我們在對人的研究中，卻缺少了一個非常重要的角度，那就是人際關係！親情、溫情、友誼、親密關係或愛情是決定生活品質的美妙概念，其中許多關係是建立在童年的一些重要時刻上。

我將把這個概念分成不同的階段來闡述。

我的繪畫技巧很差，但我會試著透過一些示意圖將腦海中的想法呈現出來。我將從情緒基礎這個概念開始，它解釋了我們童年時期的一些決定性時刻對於幾十年後的我們做出的決定所產生的影響。

情緒基礎

童年時期發生的事件會在我們一生中留下深刻的烙印。大腦將這些情況視為熟悉的事（在家中所經歷的事被視為正常的事情），而這形成的基本結構區域，我稱之為大腦的「已知區域」。在這個區域我們建立了「情緒基礎」，這會影響我們成長的方式，也是在成年後，我們會將所發生的事情評判為好或壞的心靈區域。

「磚塊」（也就是大腦）和「水泥」（也就是心靈）在我們最稚嫩的年紀時在很大程度上形塑了我們未來如何去愛和學會處理情感。

讓我們想像一個人的童年時期：父親酗酒，父母之間惡言相向，成長過程中處處充斥著攻擊或咆哮、經濟困難或理財不善，或經常目睹謊言和欺騙。所有這些畫面都會在他的內心留下深刻的痕跡，對他的成長產生影響。

在第一一一頁的圖片中，你可以看到這些基礎是如何形成的。如果我們生活在缺乏親情的家庭中，讓冷漠和冷淡占據主導地位，我們就會認為這樣的態度是正常的，很可能會成為難以表達情感的人。

成年後驗證童年時期的經歷

有趣的是，隨著我們長大，我們會對所經歷過的事情產生變化。也許我們能夠療癒那個創傷，讓它在日常生活中不再影響到我們；或者它也許仍潛伏著，在我們的個性留下深刻的烙印；或者它可能處於沉睡或無意識狀態，我們尚未學會管理和引導它，直到在某個特定時刻它就會爆發。

我們的情緒基礎總會決定我們的一切嗎？幸運地，它並非總是如此。世事並非絕對，有三種可能發生的情況：

- 經歷過傷痛，但尚未痊癒或克服它。
- 經歷過傷痛，已經克服並以正確的方式成長。
- 經歷過傷痛，但尚未察覺到心中仍帶有這份創傷，因此仍然受到帶來傷痛的環境或人際關係奴役，這些環境和關係在成年後繼續產生影響。

▲情緒基礎如何造成影響

有時，心智會進行自我超越和成熟的練習，但這需要內心有所轉變；也就是說，我們必須經歷一個轉捩點，意識到一些事情，並且努力去處理、分析和接受它們——接受是多麼重要啊！——並以某種方式原諒或克服痛苦和創傷。

超過半數的人會重複某些模式，明知這是不恰當的，但內心仍然感覺與童年時期的行為模式有所聯繫，因而無法擺脫它們。長期下來，這通常導致依賴性強、有毒、痛苦或極具傷害性的關係。

卡爾梅拉（Carmela）的案例

「我不知道我究竟是怎麼了，總是選擇錯誤的男人，他們最終都會對我不忠，我覺得一定是我有什麼地方做錯了。現在我有伴侶，但我們的關係充滿了不信任，我無法享受這段關係。」

卡爾梅拉是一位高䠷、漂亮且非常有魅力的女性。她是一名律師祕書，對自己的職業感到幸運。她給人的印象是一個充滿自信的女性。

她感到很焦慮，我請她描述一下她過去的三位男友，並解析每個人的性格特徵。我發現有一個共同點：她喜歡野心勃勃、風流倜儻、能言善道的男人。

我問她父親的性格是怎麼樣的，她說：「我父親總是對我母親不忠。我記得曾看到她受苦和哭泣，她經歷過幾次憂鬱的情況。我一直很崇尚對感情忠誠，這是我追求的一種價值觀，但我不知道為什麼最後總是和會背叛我的男人在一起。我的父親不是一個好丈夫，但是他是一個好父親，他一直非常愛我，我在他的生命中是很特別的。」

卡爾梅拉的情緒基礎是父親對她的愛、母親因丈夫不忠而受到傷害，以及那種行為在她心裡所引起的憤怒。她將對父親的情感極端化地聚焦在伴侶關係上，她的理智明白她不應該選擇風流的男人，但內心卻被這些男人所吸引。現年三十五歲的她不知道如何做出正確的選擇。在某種程度上，卡爾梅拉追求的是向自己證明她可以改變一個不忠的男人。母親無法實現的事情，她卻在不知不覺中渴望得到。我們需要分析她的童年和情緒基礎，讓她理解她的依附和與他人的關係是如何運作的。

西莉雅（Celia）的案例

西莉雅今年二十三歲，單身，與父母和一個兄弟住在馬德里。她的工作情況很複雜，上司是一位很難相處的女性，有時讓她覺得非常疲憊。

「我在傳播部門擔任祕書，無需負擔太多責任，只兼職半天，薪水跟實習生一樣，但我的上司每天對我要求得就像我們在解決國家緊急事件一樣。她會打電話給我，對我大呼小叫、提出要求，修改每封郵件，即使是一些表面、簡單的事情也不例外。她非常苛刻，而且聲音充滿攻擊性。有時候她會要求我在週末處理她孩子們的個人事務，如果我沒接電話，她就會侮辱我，貶低我。」我很驚訝她竟能忍受這麼一份待遇與人事條件都很差的工作。

「我不喜歡她待我的方式，但我一直忍受著，總有一天我會找別的工作。」她這麼說道。

我請她跟我談談她的家庭。

「我的父母相處並不融洽。母親在家裡掌握主導權，她非常專橫，極度活躍，總是很忙碌。她不太親切，相反地有點粗魯而且要求很高。我記得週末時她會在早上七點叫我們起床念書、運動或參加某些體育活動。如果我們考試成績低於優等，她會讓我們重複做功課。作為懲罰，我們要寫無數頁的算術題和一直讀書。她甚至要我們背詩和背文章來增強記憶力。我們在家裡從來沒有休息時間，一刻不得閒。相比之下，我父親很沉默且溫暖。他會擁抱我們並對我們很寬容，我母親對此感到惱怒，這引起他們之間很多爭吵。」

西莉雅是在要求嚴格且態度強硬的母親身邊長大的。遇到像母親那樣的女上司時，她的警戒系統不自覺地啟動。她覺得這種態度很正常或很熟悉，因為這讓她想起兒時的情境。她內心深處的聲音（稍後我們會慢慢討論此主題）告訴她這是不適當的，但她無法意識到這件事的嚴重性。

她把自己的恐慌發作歸因於工作壓力，而非和自己與上司的關係有關。最終，她開始理解自己如何感知他人的要求，以及迄今為止無法設立界限的能力。她習慣忍耐和順從地接受。因此，我們需要學習某些技巧，學會保護自己、設立界限，以及學會溝通和表達自己的感受。

現在的西莉雅知道什麼事對她不好，因為正如她自己承認的，如果她在這方面沒有改進，她最終會與一個不善待她的伴侶在一起，並且會把這件事視為理所當然。

情緒基礎可能會使嚴重的創傷永久化，不過當然希望是存在的，而且這些傷痛是可以被解開和治癒的。關鍵在於要意

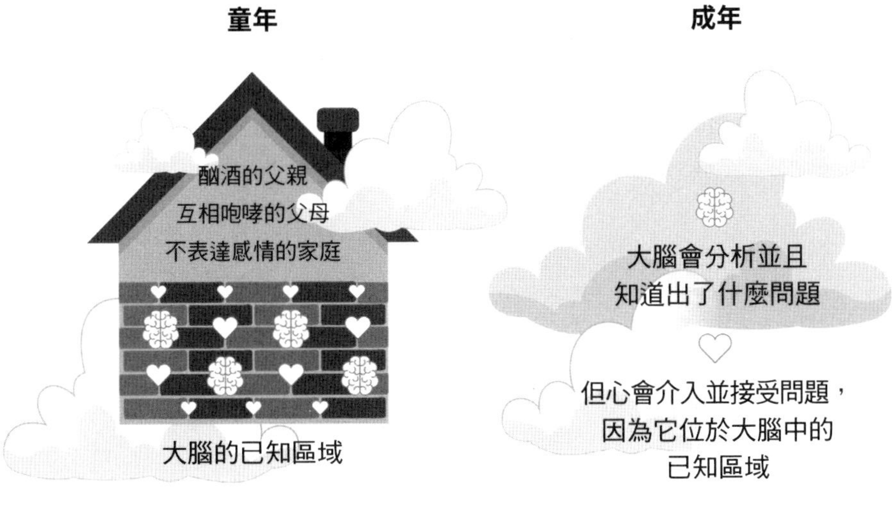
童年
成年
酗酒的父親
互相咆哮的父母
不表達感情的家庭
大腦的已知區域
大腦會分析並且
知道出了什麼問題
但心會介入並接受問題，
因為它位於大腦中的
已知區域

▲情緒基礎

識到我們自己的故事。了解我們的根源以及我們的情緒世界是如何形成的，有助於我們理解自己，以便做出適當的決定或以最佳的方式來處理問題。如果我們處理並內化這些問題，那麼我們將走向痊癒，並且改變行為模式。

11 教育上的混亂

我的父親在我個人生活和職業生涯中一直是關鍵性的人物，我視他為天賜的禮物。在我的童年和青少年時期，我經常到他的診所。他工作時間很長，經常晚回家。儘管他花費大量時間在工作上，我始終能感覺到父親的存在，他關心我們，能教導我知識，或是聆聽我的心聲。他和我的母親是一對獨特的夫妻，他們以一種非常特別的方式互補。他天生善於講故事（他現在仍然和我的孩子們講故事），當我還是孩子的時候，我很常聽他講述那些虛構角色的奇幻故事，而這些角色現在又在他給孫子們講的故事中重生了。

當母親帶我們去父親的診所探班時，他的祕書會通知他，他會出來迎接、親吻我們，並且花幾分鐘陪伴我們。後來，當我長大並且進入醫學院時，在他的病人事先同意下，他會讓我進去，然後把我介紹給他的病人認識，他總是表現出非常細膩和親切的態度。我喜歡這種第一次接觸，也喜歡他對患者始終保持的親近態度。他經常說，精神科是友誼的一個分支。

好的父母應該具備的美德之一，就是要懂得傾聽孩子的問題。首先，我們必須贏得他們的尊重，在他們年幼的心中成為一個「安全港」，他們可以在面對任何問題、恐懼或疑惑時都向我們求助。這需要博得他們的信任。然而，這還不夠。如果孩子來找我們，卻感覺到我們很不耐煩，認為我們沒時間聽他說，或者我們打斷他的話，強硬地把我們的理由或觀點加諸在他身上，那麼長遠來看，我們就會失去他的信任，他會疏遠我們。

作為女兒，我經常向父親傾訴我的擔憂。他是那種很特別的人，就像我的公公一樣，當你和他們在一起時，時間似乎停止了，因為他們專注地聆聽你的一字一句，將其他事情都放在一旁。

因此，我們其次必須懂得傾聽。聆聽不僅是投入時間，還要努力不分心，即使我們認為這些對話可能不重要也仍然要這麼做。對於我們成年人來說，某些事情可能微不足道，或者解決方法顯而易見，但對於孩子來說卻是重要的問題，需要我們的建議或僅僅是需要我們的同理心。這些時刻至關重要，在成年後會被記住，從而鞏固親子之間的連結。

第三，我們必須學會管理自己的耐心。如果你發現自己容易感到挫折，那麼要保持距離，分析這種有毒情緒的起源。不要因為孩子一些令你惱怒的行為而傷害他們，因為這些話語可能會成為孩子們心中的一把利刃，持久地影響著他們。

有時，在孩子不服從或發脾氣時，我們會表現出攻擊性，在那背後是我們內心那個受傷的孩子不知該如何正確地反應。這種憤怒和尖叫是我們最本能的部分，我們的理性和感性在這種情況下會消失，讓最原始的心靈展現出來。

面對這一點，我堅持保持距離，離開，關起你的房門，避免傷害你面前的小孩。

過度保護還是操縱？

過去幾十年中，依附關係已成為心理學的基礎支柱，我認為在家庭、教育、社會學、心理學甚至政治領域中，了解這個概念是非常重要的。在二十一世紀的今天，沒有人能忽視這些議題，因為它們是享受完整生活的基本要素，也是我們作為成年人、伴侶、父母、子女以及社會成員尋找最佳狀態的基本要素。

人類自出生起就需要關愛、營養和支持。依據這些需求的滿足程度，我們將發展出更多或更少的復原力，即應對逆境和挫折的能力，這是減少未來罹患精神疾病機率的關鍵因素。

依附是兩個人之間建立的情感連結，其直接目標是尋求和維持親密感。這種親密性在威脅出現時提供安全感和保護，照顧者提供嬰兒所需的一切：食物、休息、清潔、水分等等。

根據專家的說法，依附類型在一歲半到兩歲之間就已經形成[1]。

多虧了依附關係，嬰兒在出生時就有照顧者，而這些父母需要擁有「某種東西」來理解並安撫他。這種「東西」涉及陪伴、親近感、情緒管理和共情能力。這種「東西」是魔法、愛、關懷、時間……它超乎我們的想像。

依附關係的對象必須能夠滿足新生兒的需求，並能與其感同身受。

孩子生來就深深依賴父母。隨著他們長大，他們會擺脫這種依賴以獲得自主性。就像拉斐爾・格雷羅所適切描述的，成為一個自主的成年人關鍵在於需要先在兒時經歷依賴。當父母滿足這些需求時，他們便是向孩子展示了通往自主的道路。這似乎是矛盾的，但向孩子展示親近、陪伴和愛意有助於建立安全感和自尊。

如果我們在童年沒有獲得健康的愛，有時在成年後我們會試圖以不適合我們的關係來填補或掩飾那股空虛。由於不了解以健康的愛為基礎的關係是什麼樣子，因此我們會接受不恰當、有時甚至是有害的情況。面對挑戰和做決定時，這可能引發我們對失敗的恐懼、自尊心的低落和不安全感。這種不安全感源自心靈深處的創傷。一個無法感到父母關愛的孩子，長大後會認為自己不值得被愛，這會對他在建立關係時造成很大的傷害。他會尋求他人的認可，或者反過來，他會傾向於孤立自己，避免接觸人多的地方或工作，因為在那些地方他們會感到不自在。

在童年時期無法與依附對象建立情感連結，將導致日後與他人的情感聯繫不足。

父母是依附對象的代表，負責為孩子提供穩定的情感。

右腦與情緒世界

多年來（甚至數世紀以來），人們曾認為懷孕和幼年時期所發生的事情對心智和身體沒有影響，像是「沒有記憶」、「幸好事情那麼早發生」等說法。由於那是一段非口語交流的時期，人們誤以為記憶不存在。然而，隨著科學的發展，得到的研究成果令人驚訝。如今我們知道，在人生最初的兩年發生的一切，都留存在右腦半球的情緒記憶中。

我是右腦半球的忠實愛好者，我喜歡研究並理解它，以便與我在人生道路上遇到的每個人的情感建立連結。當你研究這個大腦區域是如何演化時，你會對人類的很多事情有更深刻的理解！

左腦也同樣令人著迷，但更容易理解，它從幼兒約兩歲時開始運作，負責分析和解釋訊息，但無法將事物置於脈絡中。

右腦半球的功能是將事物置於脈絡中，並賦予所發生的事情意義，因此它被稱為「心智化半球」。我喜歡丹尼爾．高爾曼（Daniel Goleman）對此的描述，他認為右腦就像連接了神經的Wi-Fi網絡，能夠滲透他人的心靈並與之交談。這是多麼好的比喻！這就是為什麼我們看到某些人時會感到興奮，或者在遇到某些人時會感到害怕。這些「鏡像神經元」，這種神經的Wi-Fi網絡，與右腦半球緊密相連，使我們能夠與其他人的情感世界建立聯繫。在我看來，為人稱道的情商、共情以及與他人建立情緒和情感的聯繫，正是在社交、伴侶關係或家庭中取得成功的關鍵。當你凝視著孩子的雙眼時，你意識到有些事情困擾著他、使他擔心或出了什麼問題，而這就是情商和共情，其中交織著悲傷、喜悅、面部表情和聲調。非語言交流至關重要。兩個人連結在一起，相互凝視，兩人的右腦半球建立聯繫，母親與孩子、丈夫與妻子、朋友與朋友等人之間，還有其他許多情感和親情得以流動。

為什麼我現在提出這個問題？這是一個重要且有必要了解的觀念。在人生最初的兩年中，依附的類型會成形，而在這段時間內，右腦半球居於主導地位。丹尼爾・席格（Daniel Siegel）將其稱為「共鳴」：照顧者的右腦與孩子的連接對於確立安全依附、適當的認知和情感發展至關重要。如果沒有這種共鳴的關係，或如同專家所說的「心智對話」（由右腦對話到右腦），很有可能會產生不安全的依附。

母親和孩子之間的連結塑造了右腦。當然，基因也很重要，但情感和社會環境才是像形塑一件傑作般漸漸形塑出右腦的因素。

以在母親和嬰兒間的情況來看，每當兩個右腦半球進行交流時，嬰兒的大腦就會增大，並形成新的神經連接。

當你與孩子的右腦建立連結時，你就是一位維他命母親；當你不害怕展現自己的情感並且了解家庭成員的情感，以創造更好的環境時，你就是一位維他命父親；當你傾聽並關心你的兄弟姊妹或父母的問題或需求，並願意分享和擁抱他們時，你就是一位維他命兒女。

對孩子最有害且具破壞性的虐待就是缺乏愛。

感覺勝於理解

當孩子很小的時候，他會優先考慮自己的需求。他尋求關注和愛，因為這能幫助他緩解外界世界產生的壓力和焦慮。嬰兒應該感覺到父母在情感上能關注他，並與他建立連結。令人印象深刻的是，科學研究已經證實，父母之間擁有良好的關係，兩人之間沒有攻擊和憤怒且氣氛融洽，那麼孩子就會發展出內在的平衡。這不是頭腦的問題，而是心靈的問題。當孩子在幼兒時期，父母與孩子的互動是有效的：重點不在理解，而在於感受。

母親學會解讀小寶寶的需求。透過擁抱，她可以安撫寶寶、哄他入睡並調節他的壓力來傳遞平靜。

父親以兩種重要的方式進入孩子的生活。第一種是作為母親的陪伴者、照顧者和情感上的支持者。父親在這方面做得越好，他與孩子的連結也會越緊密。父親對母親的態度會在一定程度上影響母親的穩定感。與親密、疏離、關愛、攻擊或缺乏共鳴的伴侶相處，感覺是不一樣的。第二種，父親是與小孩遊戲、做活動和共度時光的人。家庭在過去幾年已經發生了很大的變化，但父母之間的關係會對孩子的依附系統產生非常重要的影響。當孩子生活在暴力、缺乏愛、充斥言語或肢體攻擊的家庭環境中，就會對他造成最大的傷害。

在嬰兒出生後的第一年裡，母親扮演著舉足輕重的角色，而在第二和第三年，父親則顯著介入他們的生活。當然，父親的存在也有助於塑造孩子右腦半球的發展！孩子與母親的連結是獨特的；母親是安撫、安定心靈和餵養孩子的人，而父親則在給予母親支持的同時，也在刺激孩子成長的各個方面起著關鍵的作用。

未被關注的嬰兒

很多時候，人們錯誤地認為從小就應該讓孩子獨自哭泣或自行調節情緒——「他很快就會好的」——認為這麼做會使他們變得更堅強和獨立，因為父母害怕養出嬌生慣養的孩子。

我們應了解孩子的需求，給予他們關愛、擁抱和親吻，讓孩子的大腦獲得正向的經歷，以幫助他們健康、快樂且平衡地成長。

在這些早期階段，哭泣是他們用來尋求父母和照顧者關注的溝通方式。孩子哭泣是他們感知身體或心理不適的結果。

有關嬰兒的這個主題引起了很大的爭議。應該讓他們哭鬧嗎？應該對他們百般呵護嗎？目前存在兩個重要的理論。一個被稱為艾斯提維爾法（Estivill）或哭泣控制法（controlled crying），此方法試圖透過讓孩子哭泣來教導他們入睡，而這種哭泣是比較有規律且節制的。與此形成對比的是神經生物學理論，有越來越多關於此理論的研究，支持在每次孩子哭泣時給予關注。

然而，關於這個問題有著諸多理論。對某些理論而言，嬰兒在懷抱中平靜下來是「不好」的行為，因為那表示他們控制著我們。無論對於孩子還是成年人來說，哭泣都是一種求助的呼喚，一種尋求紓解的呼叫。這種不適可能是身體上或心理上的，或者兩者交織在一起（例如：感到飢餓、寒冷、孤單、未受保護，或渴望母親的陪伴），但它確實存在。這不是操縱行為。別忘了，嬰兒並不知道如何操縱別人；操縱行為與前額葉皮質和影響該區域的麩氨酸相關，但這些神經系統在嬰兒早期並不活躍。

當嬰兒需要被照顧時，他需要感受到父母就在他身邊。

幾年前，我讀了一份在加拿大多倫多大學進行的研究，它讓我印象十分深刻，因為我熱愛閱讀一切關於活化體內皮質醇分泌的文章。這項特別的研究幫助我理解小孩的行為，研究是這樣進行的：在一次兩分鐘的實驗中，他們收集了嬰兒的唾液，在這期間媽媽們對這些孩子置之不理。分析了這些樣本後，他們發現這些孩子的皮質醇水平升高了。第二天，這些被忽略的嬰兒在實驗開始之前皮質醇水平就已經很高了。換句話說，在遭受母親忽視之前，他們的警戒系統就已經被啟動。相反地，那些得到母親關愛的嬰兒則並未出現這種壓力荷爾蒙增加的情況。

重現一個壓力情景（不需要重新經歷）就能夠啟動人體的警戒系統。大衛・哈利（David Haley）博士在進行這項研究時觀察到，嬰兒因為父母之前的對待，於是在事件發生前就啟動了壓力反應，就像是預期性焦慮一樣。而母親，由於沒有聽到孩子的哭聲，則並未啟動警戒系統。

什麼是自然和可取的呢？當我們不理會孩子的哭聲時，可能過了一段時間（幾分鐘或幾小時）孩子會停止哭泣，甚至可能入睡。這並不是他自己平靜下來，而是他的腎上腺系統出現疲憊的狀態，產生一種我們可以稱之為「皮質醇疲勞」的現象，這導致他無法繼續尋求幫助。這是生理上的機制。但在情感上，實際上是嬰兒在某種程度接受了父母不會前來的事實，他的心境適應了不被關注，而這卻被稱為訓練技巧。

在正常情況下，母親聽到孩子的哭聲時會產生催產素（促進保護行為）和去甲腎上腺素（幫助集中注意力照顧小寶寶，同時心跳加速）。某些晚上，我聽到其中一個孩子的哭聲後，我注意到自己心跳加速。這是由於去甲腎上腺素的增加而引起的。

母親對嬰兒哭聲所產生的反應有著神經生物學和演化的基礎。

我知道仍然有些父母認同以前的觀念，認為哭聲能夠讓孩子的肺部更強壯，但根據最新的研究，哭泣不會讓孩子變得嬌生慣養，而任由他們哭泣也不是一件好事或健康的事情。因此，如果你的孩子哭鬧，請關心他並給予愛。也許長大後，他會成為一個更健康、更快樂、更優秀的人。

我記得在我其中一個孩子出生時，有人告訴我有一種裝置可以「讀取」嬰兒的哭聲，並建議我如何輕搖或安撫他。我不想一開始就沉浸在科技世界中尋找答案，或許我的母性本能已經知道該怎麼做。經過養育四個孩子的經歷，我發現你必須觀察每個孩子並從他們身上學習。雖然有類似的模式，但每個孩子都是獨特的個體。大兒子的腸絞痛令人疲憊和難以應對，對於初為人母的我來說是一個挑戰。幾個月間，我一直聽到「讓他哭吧，他在操縱你，想要被抱著」的說法。幾個月後，我們發現他有不耐症，採取了補救措施幾天後，他的哭聲就停止了。

我理解面對孩子哭泣時的無助感，有時這會讓人感到絕望和精疲力竭。有時抱在懷裡、哺餵或輕搖能夠安撫哭泣的孩子，但有時這些方法都無效。當你有一個不容易平靜的寶寶，而你發現抱著他就能安撫他，那感覺真是太棒了。

有個觀念是很明確的：傷害嬰兒的不是哭聲本身，而是未能及時給予關心和安撫。這種持續的警戒狀態可能會導致孩子一生中對壓力過度敏感的反應。長大成人後，他會很容易因為很多事情而過度不安。

別忘了嬰兒在母親的子宮裡經過九個月的「保護」才出生，然後來到一個存在著許多內外刺激的環境中。現在很多人都在問應該讓孩子哭多久？幾秒鐘？幾分鐘？雖然沒有確切答案，但我認為最好不要讓他哭泣超過兩分鐘。走進去，安撫他，輕搖他，逗他笑，提供母乳親餵，幫助孩子走出他所處的警戒和不安狀態。如果你感到絕望和疲憊，不知道該採用哪些技巧，建議你請求家人或親近的朋友幫忙照顧孩子幾個小時或幾天晚上，好讓你恢復所需要的能量，能夠讓自己再次專心、細心地照顧孩子。

夜晚可能會讓人筋疲力盡，肚子絞痛令人心煩意亂，睏倦令人煩躁，所有這些都會導致你無法做出應有的反應。如果你對這個議題有疑問，或想了解更多相關資訊，我建議你參加阿曼多．巴斯蒂達（Armando Bastida）的研討會，他分享了關於母親和哺乳餵養的一些有趣想法。

我記得幾年前在機場目睹的一幕。當時我站在登機門，聽到一個嬰兒不停嗚咽。我常常身處於充滿孩子的環境中，所以哭聲不會讓我驚慌。我知道那不是我的孩子，但那悲傷的哭聲使我感到不安。轉身一看，我發現一位母親坐在那裡盯著手機，旁邊停著一輛嬰兒車，一個大約六個月大的小寶寶不停地哭著，但母親卻漠不關心，毫不理會。我不明白發生了什麼事，也不明白為什麼她不關心孩子。在場的許多人都感到驚訝。過了幾分鐘，而那像是過了好久，我終於走向那位母親。我知道在教育問題上，沒有人喜歡被勸告或評論，但我無法保持冷漠。我走近她，問道：

「你需要人手幫忙照顧寶寶嗎？」

「他已經吃過也換過尿布了。這沒什麼，這樣他會變得堅強。」她回答道，甚至沒抬起頭來。

我的背冒出冷汗。我又看了看那個孩子，他絕望的哭聲令人心碎。我不知道該怎麼做才能不讓她生氣地懇求她照顧她的孩子。眾多排隊的人看著這一幕，而嬰兒仍在哭泣。

「當我的孩子得了中耳炎時，他也是這樣哭的。」我突然說道。「你知道他有沒有發燒嗎？」

終於，我引起了她的注意。她抬頭看著我，摸了摸孩子的額頭，孩子反射性地抓住了母親的手，開始平靜下來。他不想放開母親。

「他現在顯然需要你的陪伴，無論他碰到了什麼問題，靠近你會讓他平靜下來。我有幾個孩子，讓他們繼續哭絕對不是解決方法，尤其是當他們還這麼小的時候。」我繼續說道。

她不情願地抱起孩子，孩子在幾秒鐘內就不哭了。我回到排隊登機的隊伍，站在我後面的一位女士對我說：

「有人曾經告訴我，讓孩子哭是好事，但我知道我錯了，我對他們太冷漠了，現在我很後悔。當我母親告訴我不要經常抱他們時，我感到很傷心，但她對我的影響很大，堅持認為這對我的孩子和他們未來的適應能力是有好處的。我的孩子們與我非常疏離，有時候我很難與他們建立聯繫。從他們很小的時候，我就很少碰觸和擁抱他們。」

在登機門發生的這一幕觸動了她的情緒基礎，她的眼淚奪眶而出。我以最溫和的方式向她解釋嬰兒大腦的運作方式和皮質醇的作用，並給她一些與她的成年子女建立親密關係的想法。最後，已經面帶微笑的她滿懷希望地對我說：

「幾個月後我就要當祖母了，我想運用我所知道的一切，還有我讀過的東西，讓我的孫子們感受到愛和關心！」

一位母親對於孩子的哭聲不做反應，很可能她是在冷漠的環境中長大的，她自己也沒有得到關懷。也許她受到周圍環境的壓力，別人都跟她說過度照顧和關注對嬰兒是不利的。如果一個小孩尋求幫助而得不到回應，他的心智將以某種方式成長，認為當他感到不適時，他不值得獲得照顧者的關心和愛。這可能會導致習得性無助，即嬰兒意識到無論他如何呼喚，父母都不會前來幫助他，所以他停止呼喚。

人們可能冷酷地認為如此一來嬰兒就不會麻煩大人，而且也不會記得這些哭聲，但這種模式最終會滲透他的心智，並可能形成不安全的依附關係。別忘記，在這個年齡層大腦正以指數級增長，日後將根據在此期間所形成的思維模式行事。

照顧者的反應對於嬰兒的生存和身心發展非常重要，更不用說對於物種的延續也至關重要。

過度保護孩子會寵壞他們嗎？

人們錯誤地認為，對孩子過度表現愛意可能會讓他們成為叛逆的青少年。這些想法源自古老的觀念，在這些觀念裡，家庭是父權制的，親子之間的溝通非常貧乏。當時存在一些錯誤的概念：尊重與恐懼，服從與害怕。終於，現在的家庭已經不那麼專制了，但很多人心中仍存有這種觀念。耳光、懲罰、大聲喊叫、羞辱等，這些都會對孩子的大腦造成強烈影響。

從教育的角度來看，過度保護會阻礙孩子的發展。例如，代替他們做作業會使他們無法成為負責任的孩子。大腦在面對挑戰或困難時有兩個處理問題的區域。當恐懼出現時，杏仁核被活化，並且前額葉皮質（幫助找到解決方案或解除恐懼的部分）必須學習如何回應。如果每次孩子面對某件事情感到恐懼時，他的父母（老師或照顧者）都給出解決方案，那麼他的前額葉皮質就無法做出正確反應，而被活化的杏仁核便會主導。換句話說，被過度保護的孩子感到害怕，可能會產生深深的不安全感。那些不懂得做出決定或解決疑惑的孩子在成年後會有自尊問題，而被過度保護的孩子在未來處理挫折時會遇到困難。未能學會處理挫折的人在情緒管理上會遇到巨大的問題，缺乏解決心理困擾和焦慮的工具。

如果你是父母或老師，你可能會想，該如何在關愛、過度保護和寵愛之間掌握好界限？有很多時候你不知道該怎麼做。關鍵在於展現和表達。這不代表否定限制，限制必須存在，但不能是透過大聲喊叫、身體或心理的虐待來強制實施。關鍵在於悉心、溫柔和關愛。

在這一點上，我覺得有必要做出澄清，以區分需求和一時興起的想法。讓我借用拉斐爾．格雷羅的話來解釋這一點：

- 基本需求對於生存和身心健康至關重要。
- 一時興起的想法是讓我們產生幸福、愉悅和滿足感的額外享受，但不是生存所必需的。

那麼，我會給予什麼建議呢？

- 擁抱、表達愛意、說「我愛你」。
- 好好照顧嬰兒，別認為他們在操控你（在嬰兒時期，負責操控的腦區還不活躍）。
- 聆聽並理解孩子。
- 關注他們。
- 幫助他們找到解決方法，但不要把方法告訴他們。
- 在他們還不懂時幫助他們，但當他們開始有能力時，則讓他們去嘗試。
- 不要用禮物或物質來彌補悲傷的情緒。換言之，不要讓他們習慣用物質來解決負面情緒。接納並傾聽他們的情感和挫折，支持他們（這並不總是那麼容易！）並重新引導他們。
- 小心使用懲罰作為教育方法！這會產生恐懼，孩子們學會從恐懼中服從，而不是從反思中服從。
- 用同理心對待孩子，設身處地理解他們的感受，擁抱他們，解開他們的情緒困境，並接受他們的負面時刻。
- 在適當的情況下，負面經歷是成長和成熟的絕佳機會。這並不意味著要讓孩子們經歷不必要的戲劇化情境，但如果前述的負面情況出現（甚至只是對話），它可以成為在情緒世界前進的跳板。

無論如何，重點是滿足孩子們的需求，如此一來他們長大後才能擁有自主權。

1 作者註：對於這個年紀的孩子，我們已經可以描述他將擁有什麼樣的依附類型。我們將看到瑪麗·愛因斯沃斯為此建立的評估技術。

12 最具傷害的虐待

父母往往會對於無法適當地教育孩子感到害怕或內疚，我們會閱讀新聞或書籍、觀看教學影片和聆聽有關教育的講座，但時常會覺得自己做錯了。在其他情況下，我們深知我們的孩子正在受苦，並且將發展出不安全的依附，但我們卻沒有工具來以其他方法處理事情。我想告訴你：這件事仍存有希望，我們有解決辦法。

在童年時期得不到愛可能會導致成年時缺乏共情能力。這就像情感麻木，一個人似乎對他人的情感和感受表現出某種冷漠的態度。這些人壓抑並否認自己的情感。他們通常因害怕展現自己的脆弱，反而壓抑並否認自己的感受。

正如丹尼爾·席格所解釋的，在安全依附中，孩子學會與父母建立連結和共鳴。這種共鳴是指父母能感知孩子的內在狀態。據信，非常痛苦的創傷會使連接大腦右半球和左半球的器官（即胼胝體）纖維產生阻塞，從而癱瘓他與照顧者的共鳴能力，作為一種保護和適應的方式。

讀到這裡，你或許會意識到自己就是不健康依附的結果。你知道一些發生在你身上的事情、恐懼和傷害你的負面行為，這些都是你與父母之間的依附困難所導致的。

童年時期的創傷，特別是情感上的缺失，會在成年時期轉化為嘗試補償情感空虛的行為。有許多名人和歷史人物都有遭受童年創傷的經驗，而這對他們產生了可怕的影響。

華特．迪士尼就是一個例子。這位製片人的母親去世使他受創很深。在他的事業愈漸成功時，他為父母買了一棟房子，卻因烤箱故障而結束母親的生命，這件事對他產生深遠的影響。

在迪士尼製作的三十多部電影中，雙親（父親或母親）的形象有時不出現，有時則以創傷的方式從角色的生命中消失：如《白雪公主》、《美女與野獸》、《木偶奇遇記》、《小鹿斑比》、《灰姑娘》、《森林王子》、《小飛俠》、《美人魚》、《阿拉丁》、《鐘樓怪人》、《風中奇緣》、《海底總動員》、《料理鼠王》、《史瑞克》等。

另一個例子是查爾斯．狄更斯，他是英國最著名的作家之一，在他十二歲時，父親因債務被送入監獄，他因此受到重創。狄更斯從相對富裕的生活變成在惡劣的條件下過日子，不得不在一家煤焦油工廠工作，那裡每天都有老鼠出沒。貧困烙印在他的心中，這在他的小說中可見一斑。除了妹妹，他的家人全都在監獄裡。在工廠工作的日子對他來說是一種羞辱。這些創傷成為他小說的主題，從著名的《孤雛淚》到《小杜麗》，他在這些故事中投射自己的影子，其中遺棄和悲傷是非常突出的元素。

在當今的二十一世紀，許多著名人物（歌手、演員、網紅等）都坦承在年輕時經歷過創傷。許多人需要透過毒品、性或金錢等方式來彌補情感上的空虛。

不過，好消息是這些傷痛能夠被療癒，儘管需要細心和關愛，但確實是可以達成的。

從青少年到成年

許多童年時期的創傷在青少年時期開始展現出不良影響。這是一個充滿熱忱的階段，但也是尋求獨立並找到自己在世界上定位的時期。

在某種程度上，青少年時期是我們童年時接受教育、關愛與教導的結果。如果我們小時候被剝奪了情感、關愛和同理心，就會更難處理情緒，並且會產生尋求強烈感受的行為，而這有時是完全有害的。

如果青少年的依附對象是健康的，並且同時表現出關愛和明確的界限，那麼這個階段可能不一定是充滿衝突的時期。這是一個成長和內心掙扎的時期。穩固的情感支持將幫助一個人用最好的方式度過這個時期。那些具有攻擊性、憤怒或衝動行為的青少年背後，往往有一個未被教導要健康地去愛自己、表達自己和感受到被欣賞的童年。這種憤怒，這種有時具有破壞性的行為源於自卑、個人巨大的挫折感和極度脆弱的情緒，可能導致人格障礙、廣泛性焦慮症、明顯的憂鬱傾向、對強烈情感的不斷追求、對某些物質的成癮，甚至在尋找或維持伴侶關係遇到困難。曾受虐待的孩子在某種程度上被教導愛與虐待共存，這會塑造他們成年後對愛的看法。他們在成長過程中深信那些愛他們的人同時也會傷害他們，亦會認為愛與傷害同時存在是正常的。然而，當這個階段出現良好的依附對象時（無論男性或女性、朋友、導師、教練、叔叔等），這些脆弱的年輕人的生命得以變得強大。尋找維他命人來治癒我們的傷口永遠不嫌晚。

奇怪情境

在本篇第一章提到的三位研究者中，我還沒談論到瑪麗．愛因斯沃斯博士的研究。這位美國心理學家曾在倫敦的塔維斯托克（Tavistock）診所參與鮑比領導的一項計劃，之後她繼續研究有關依附的主題。她觀察了母親與子女分離對大腦和身體產生的影響，以及這對兒童人格發展產生的影響。

她在烏干達坎帕拉（Kampala）對母親和孩子進行研究，以及後來透過名為「奇怪情境」的實驗室程序，對母親和孩子的互動做了一系列測試，從而確立了三種主要的依附模式。

我對她有關兒童與心靈的研究一直十分著迷。透過這項研究，她希望以實證的方式證明依附理論。我建議所有父母都應該了解這個假設，並能從一歲以上的孩子身上確定他們的依附風格。

在這項研究中，大約一百名一歲到一歲半的兒童接受了測試。研究分析共由八個階段組成，每個階段大約三分鐘，如果孩子感到煩躁或失去耐心，測試可能會更短。階段如下：

1 母親帶著孩子進入一個擺滿玩具的房間。
2 寶寶探索房間並接近玩具。
3 一位陌生人進入房間。一開始，母親和陌生人之間不說話。一分鐘後，他們開始聊天，不久後，陌生人試圖接近小孩。
4 母親離開房間，把孩子留給陌生人。這是第一次分離的情境，觀察孩子失去母親時的反應。
5 母親回到房間，如果有需要，可以嘗試安撫嬰兒。陌生人離開房間。
6 母親離開，把嬰兒單獨留在房間。
7 不久後，陌生人再次回來試圖與嬰兒建立連結。
8 母親回來，陌生人離開房間。

瑪麗．愛因斯沃斯試圖透過這種方法分析的是：

- 嬰兒是如何尋求母親的親近和接觸；換句話說，他們是如何互動的。
- 母親在安撫孩子時的難易程度。

- 孩子在被母親安撫後，需要多長時間和多容易重新回到遊戲狀態。
- 有陌生人在場時，孩子與照顧者分離後會發生什麼事。

在研究這些變數後，她描述三種不同的依附風格：

- 安全型：這些孩子表現出積極的探索行為，對於與母親分離感到不愉快，但當母親回來時，他們會有積極的反應，並且容易得到安慰。
- 逃避型：這些孩子出現與母親保持距離的行為，與母親分離時並不哭泣，通常專注於玩具，避免親密接觸。這些孩子與他們的情緒世界脫節，似乎不在乎母親離開。
- 焦慮型：這些孩子對分離有強烈的反應，表現出焦慮和抗議的行為，例如哭泣和抱緊母親。他們通常表現出憤怒的情緒，不容易冷靜下來，並且不會繼續探索空間。

觀察結果時，許多人誤以為那些對母親離開現場不為所動的孩子是最堅強的，這些孩子似乎更能抵抗分離和其他人進入現場的影響，因此出現了許多有關如何教育和訓練孩子的理論。幾年後，一些具有突破性的研究釐清了這個問題：對這些逃避型依附的孩子（那些不為所動、看似不受影響的孩子）進行了更深入的分析。有證據顯示他們的神經系統受到了影響，觀察到他們出現心跳過速、肌電圖變化以及身體緊張的情況。事實上，他們血液中的皮質醇水平升高了。這些孩子在成年後可能會變成容易軀體化並患有焦慮的人。

孩子在童年時發展的依附方式對他們管理情緒、處理衝突、表達感情和情緒的方式至關重要。

不安全依附的類型

依附類型有兩種：安全依附（或者我喜歡稱之為「維他命依附」，稍後我會更詳細地論述），以及不安全依附。現在我先談談不安全依附。

當一個人屬於不安全依附類型時，這會成為未來發展情緒或心理疾病的風險因素。風險因素可以理解為吸菸與肺部疾病或癌症之間的關係。並非每個吸菸者最終都會罹患嚴重的呼吸系統疾病，但我們知道，吸菸會增加罹患此類疾病的可能性。

很多經歷不安全依附的人不知道如何表達，也不知道要與誰分享。有時，閱讀相關資訊、參加治療小組、觀看能讓自己產生共鳴的電影會有所幫助。生活中，我們學習透過觀察他人和聆聽他們的經歷來教育我們的心靈。與經歷類似的人建立聯繫，或者找到一位不帶偏見陪伴的治療師，這樣的過程可以幫助我們學習成長。

不安全依附是否會演變成嚴重的疾病，這要取決於一連串的變數，這些變數值得我們特別指出。

羅培茲（Lopez）家孩子們的案例

豪爾赫（Jorge）今年三十歲，家裡有四個兄弟姊妹，他是長子。他已婚，育有一個兩歲大的女兒。他幫三個弟弟妹妹預約諮商：二十八歲的克莉絲蒂娜（Cristina）、二十五歲的克拉拉（Clara）和二十歲的里卡多（Ricardo）。

他們的父母在十年前離婚。母親是酗酒者，父親長時間隱瞞她的行為，直到無法共同生活下去，離婚成為不可避免的結果。

四個孩子與父親一起生活，但幾個月後，父親被診斷出罹患癌症末期，一年後去世，留下孩子們由母親和年邁的外祖父母照顧。

幾個月後，母親因肝硬化去世。豪爾赫當時就要完成學業，決定開始工作，同時充當父親和母親的角色，照顧年幼的弟弟妹妹。兩年後，他與女友結婚，把三人帶到身邊一起生活。

豪爾赫對自己的要求很高，不允許自己出錯，對弟弟妹妹有高度的責任感。他親身經歷了父母的悲劇，對周圍的所有人都有一種父權式的關係，包括他的妻子。他很難表達自己的情感，有時會恐慌發作。

克莉絲蒂娜曾經在一所學校寄宿兩年，在她十二歲時，家庭環境非常艱困，她有幸遇到一位老師，這位老師最終成了她的第二個母親。這位教師是一位離婚的母親，有兩個女兒，其中一個和克莉絲蒂娜年齡相仿。克莉絲蒂娜在她家度過很長的一段時光，感到快樂、安全和被愛。她與父親保持著友好的關係，但父親和哥哥豪爾赫對她不太關愛，她現在很難和男性建立健康的關係。

「我想我不會結婚了。」她確定地說。

克拉拉排行老三。她從小被診斷出患有糖尿病，並且是一個高敏感人（有高度敏感型人格）。她對衝突、問題和挫折感到非常痛苦，並與周圍的人保持依賴的關係。在大學裡，她適應得不太好，目前在一家公司擔任實習生。

「我幾乎整天都感到悲傷，覺得這種生活沒有價值，而且很難找到不傷害我的人。」她承認。

里卡多是老么，也是母親的寵兒。母親去世時，他只有十二歲。在他的童年時期，家裡的情況被淡化，母親對他隱瞞了自己的問題。父親在生命的最後幾個月裡對他特別疼愛。儘管處於困境中，里卡多仍然接收到來自父母的愛，而且祖父母和他的哥哥姊姊們一直很照顧他。

里卡多是一個開朗、愛笑、迷人的男孩，他經常談論他的愛情故事。

「在照顧我或和我一起生活的人身邊，我一直感到十分被疼愛。我很幸運，因為身邊有很多真誠的人。」他對我說。

有趣的是，身為么兒，他似乎並未那麼深刻地受到家庭劇變的影響。

這四個兄弟姊妹擁有相同的家族歷史，但每個人受到的影響卻因他們童年時期的不同情況、個性以及父母與他們的個別互動而有所不同。

我們都知道，有些家庭的子女都是以類似的方式長大的，正如人們常說的那樣，每個孩子的性格都「和他們父母很相像」。想了解每個人的依附類型對他們產生的影響，了解他的個性是很重要的。

兒童的創傷經驗會使他深受其害，但是，創傷性的依附方式是否會在成年後演變成更嚴重的心理障礙，這取決於一連串的因素：

- 發生困難情況或創傷的年齡：新生兒、五歲或青少年時期發生的困境或創傷是不同的。每個階段都不一樣，而影響也會不同。
- 是否有其他人可以在環境中提供愛和安全感，將傷害的程度減到最低。
- 創傷持續的時間。
- 孩子的基本個性。在一個有多個兄弟姊妹，甚至是雙胞胎的家庭中，經歷相同的衝突情況時，每個人的反應可能是不同的（事實上，通常不會相同），因為每個孩子的性情和韌性都不同。

鮑里斯·西呂爾尼克（Boris Cyrulnik）對於「韌性」的解釋是，在經歷創傷後有能力重新邁向人生的道路。經歷逆境後再站起來，重新開始。

擁有韌性的人在個性中有些人格支柱，幫助他們在生活中可能遇到的艱難時刻堅持下去。這些支柱當中許多是在童年時期形成的：父母所給予的安全感、健康和沒有侵略性的環境、能在困難時刻感受到支持等等。

如果孩子生活在父母之間頻繁的衝突裡，並且感受不到被愛和安全感，那麼將來會發展出更加脆弱的個性。

根據每個孩子的性格，與照顧者的互動應盡可能健康，以幫助他們充分發揮潛能。每個人的故事都不同，父母的生活也充滿變動，這些都會影響孩子們的平衡。

如果父母設法灌輸孩子安全的依附感，這就像是一種「疫苗」，保護他們在未來不至於無法應對。另一方面，那些具有不安全依附感的人在面對有挑戰性的事件時可能會崩潰：失去工作、孩子學業失敗、醫療診斷或與朋友間的衝突。當成年人「受傷」時，一切都會變成壓力因素。這就是他們與那些具有安全依附感的人之間的差別，後者通常知道如何在日常生活中應對所發生的事情。

這種不安全依附感又可以細分為：

一、焦慮／矛盾型依附

這種類型約占依附類型的百分之十。當孩子有需求，而照顧者過度反應時就會有這種情況，通常是來自較情緒化和焦慮的父母。這些嬰兒在與母親或依附對象分離時會表現出極大的焦慮反應。

安全的依附行為當中包含了反抗或抵抗的行為。這種不安全依附型的關鍵在於父母的不一致性；換言之，他們的態度矛盾且反覆無常。孩子不知道可以期待什麼，也不相信父母能夠滿足他們的需求。

如果我們用瑪麗．愛因斯沃斯的「奇怪情境」實驗來分析，這些孩子遠離他們的依附對象時，通常以不太放鬆的方式探索環境，並不斷確保對方不會拋棄他。在這項研究中，當母親回到房間時，這些孩子仍然感到焦慮。

瑪麗．愛因斯沃斯觀察到這些母親的情緒管理不穩定。換句話說，在某些時候，她們會用親近和關愛的方式回應孩子的呼喚，而有時則漠不關心或極度焦慮。瑪麗．愛因斯沃斯察覺到這些不安全依附型的孩子不想與母親分離，當母親離開時，他們感到非常痛苦，會尖叫和哭泣，甚至生氣。奇怪的是，當母親回來時，他們仍然感到焦慮，有些孩子還會弓起背，像要保持一定的距離。原因是什麼呢？因為他們害怕再次被母親拋棄，於是某種程度上抗拒被安撫。

這種情況可能在家庭中發生，例如父母親其中一方離家，或者家庭關係往返不定。在父母分居或離婚時，對孩子來說是極其脆弱的時刻，我們必須特別注意如何向孩子傳達分開的原因，以及如何與離開的父親或母親保持聯繫。要清楚地告訴孩子、不指責任何一方、創造一個安全的環境，並在這個極為痛苦的時刻安撫他，以免破壞現有的安全依附關係。

同樣地，如果父母在經歷一段困難時期後重修舊好，這對孩子來說可能是一個喜悅的時刻，但也可能是令人擔憂的時刻，因為他們可能害怕再次分離，對於被遺棄的恐懼被重新活化。這並不表示所有父母親離異的孩子都會發展出這種依附類型，只是不當處理這個問題可能會增加形成這種依附類型的可能性。

我認識許多父母離異的孩子都發展成安全依附類型，但我們也知道，如果分開的過程未經適當處理，這將成為發展出不安全依附型的風險因素。

總而言之，在這種情況下，父母或照顧者不知道如何處理自己的情緒世界，而這會影響到孩子。在處理孩子發脾氣、挑戰、成長中的危機或不確定性時，他們會產生一種內心情緒的波動，無法妥善引導。他們通常是不穩定和易變的父母，對於孩子來

▲焦慮／矛盾型依附

說，他們變成了不可預測的存在。他們可能由焦慮的照顧者轉變為冷漠的照顧者，又從冷漠的照顧者再轉變為充滿關愛的照顧者。

處於這種情感矛盾環境中的孩子，在面臨問題時並不知道父母會給予他們關愛或是冷漠以對。這將在成年後導致他們保持警戒狀態，缺乏信任且對人際關係感到不安全感。他們在選擇伴侶和與他人相處時會感到極度焦慮。這可能表現在他們需要吸引他人的注意，如果無法做到，就會產生不穩定的行為、嫉妒心、害怕被拋棄、攻擊性的溝通和破壞性的逃避方式。這種情況可能被描述為「既不願與你在一起，也不願失去你」。就像他們在幼年時的情況一樣，成年後他們仍然害怕被拒絕。

這種依附型的成年人經常害怕伴侶不愛他們，並擔心被拋棄。這導致他們沉迷於關係中的失敗，看到了不存在的「幽靈」。

那些曾經歷焦慮性不安全依附的孩子，未來可能會發展出人格障礙。其中兩個最常見的是依賴型人格障礙和邊緣型人格障礙（BPD）[1]。患有邊緣型人格障礙的人當中，有百分之九十二呈現出不安全依附型中的焦慮／矛盾依附型。

費爾南達（Fernanda）的案例

費爾南達遇到了感情危機，並意識到問題出在自己。

她說：「我的忌妒心很重，我和男友阿爾瓦羅（Álvaro）在一起很痛苦。我不知道自己怎麼了，每天都處於警戒狀態，擔心他會離開我。我不斷問他有多愛我，是否會在某個時候拋棄我。我的控制欲很強，我覺得他已經快受不了我了。」

我詢問她的童年情形。她記得父母經常吵架，但她很快樂。她和他們一起旅行，參加家庭遊戲，但父母兩人很常爭吵，沒有人關注她。

她說：「在家裡，我彷彿不存在一樣。」

她知道父母在相處融洽時會照顧她，但一旦他們發生衝突，她就會被忽視。

費爾南達很沒有安全感，而且很自卑。她需要確定自己對親近的人來說很重要，當她感到孤單或未受關注時，她會想辦法吸引對方的注意力。

費爾南達難以分辨情況，往往會最大化和誇大解讀他人的反應和行為。在她的童年時期，她不希望父母不再愛她，但她總是生活在被忽視的恐懼中。當一切都順利，並且父母以愛對待她時，她的恐懼就會消失。

費爾南達從未意識到自己擁有焦慮性的不安全依附模式，並且在與阿爾瓦羅的關係中重複這些童年的模式。在經過對她的生活經歷、創傷和情緒管理的探討後，她取得越來越多進步，且與丈夫和孩子們建立更健康的依附關係。

二、逃避型依附

在這種情況下，母親一再忽視嬰兒的需求，阻礙了信任感的健康發展。她任由孩子哭泣，當孩子需要關懷而呼喚母親時，她不回應他的需要。如果她覺得孩子過於敏感、脆弱或軟弱，可能會拒絕他，因為她不以孩子為傲。

正如我解釋過的，這些父母通常在成長過程中受到的教育，是讓孩子哭泣或忽視他們的需求會促進他們的自主性和發展。這也可能是因為父母情感不夠豐富、過於苛求、情感上準備不足，或者情緒管理有問題。

這些孩子認為他們無法依賴照顧者，因為他們未能得到所需的支持，只能學著在感到不被愛和不被重視的情況下過生活。當他們有需要時，父母無法提供協助。

如果孩子因為哭泣、抱怨或尋求幫助而受到懲罰，他們將學會壓抑自己的情感，以便能在不被拒絕的情況下接近父母。這就是他們從小就變得獨立並能自理的原因。他們覺得自己不需要任何人，而打開心扉或尋求幫助只會讓他們變得脆弱。

在這種逃避型的特質中，孩子會將發生在自己身上的問題最小化；而在焦慮／矛盾型的特質中，孩子則會將任何事情最大化以獲得父母關注。

據信，有百分之二十的人表現出這種依附風格。這些成年人學會了一件事，向身邊的人表達他們的需求或情感並不會得到正面的回應或反應。他們在成長過程中認為自己的情感和感受對於最親近的人來說並不重要，因此會壓抑和抹去內心的許多感受。他們更傾向在情感上不依賴任何人。這些人的一個特徵是，即使年紀輕輕，看起來卻很早熟：展現出獨立和成熟的形象。這種冷漠的情感有時會轉化為優越感、自傲、憤世嫉俗或苛刻。

這些人很難與他人建立健康的連結，因此深受煎熬。從外表看來，他們給人一種堅強和獨立的印象，但很多時候這只是一種保護自己的外殼，而在這個外殼底下，其實存在著深深的不安全感。這種依附風格實際上是為了避免再度受到傷害的保護機制。

他們在處理自己的情感或表達情緒時經常遇到問題。他們通常是情感障礙者：難以啟齒或分享自己的情感世界。因此，當有人接近他們或試圖建立更親密的關係時，他們不知道如何應對，並為此而感到痛苦。

他們很難真實地展現自己，反而更傾向控制所表達的內容，理性多於感性。有時他們對待他人會像遵循手冊一樣，而不是按照自己的感受行事。

在愛因斯沃斯的實驗中，關鍵在於當母親離開房間時，這些孩子表現得無動於衷，且母親回來時也不表現出喜悅。他們甚至避免接近父母，但始終不表露情感。我們必須知道，當父母離開時，他們的內心正在軀體化（出現了皮膚電導、心搏過速和皮質醇水平升高等反應）。

無法表達情感和情緒

無法設身處地為人著想

難以與親近的人（伴侶、家人、
同事等）建立信任關係

他們給人一種獨立的感覺，且通常對此感到自豪
然而，這種獨立在很多情況下
反映出極度的不安全感和自卑

迴避情感豐富
或情緒強烈的場合

內心害怕被拋棄或遺棄

▲逃避型依附

瑞秋（Raquel）的案例

瑞秋與古斯塔沃（Gustavo）已經交往了幾個月，但他們經常爭吵和發生衝突。「我非常愛她。」古斯塔沃說。「她是一個非常特別的人，但她與我溝通起來有些困難。」

古斯塔沃有安全的依附關係，他從小就得到父母健康的關愛，而他意識到他與伴侶之間有些問題。

瑞秋在情感上是一個疏遠和冷漠的女人。當我詢問她與古斯塔沃的關係時，我發現她並不懂得表達自己的情感。

「我媽媽是德國人，爸爸是西班牙人。」當我追問她的生活經歷時，她說：「在我家裡，表達任何情感和感覺從來不被視為一件好事。我的父母親都非常嚴厲，我不記得和他們一起放鬆過。我總是必須取得最好的成績。在我家裡談論政治、經濟、歷史或文學是可以的，但絕不談論情感。我們不擁抱彼此，也不說『我愛你』。表達情感被視為軟弱和脆弱。我總是用理智回應，我生活中的決定都是基於理性的，因為如果你感情用事，肯定會犯錯。」

瑞秋很聰明，隨著我們的諮商持續進行，她漸漸意識到逃避型依附方式的意義。我給她閱讀了一些專業書籍，幾天後她傳了一條訊息給我，說：「請幫助我，我想改變並治癒我的依附方式。」我們一步一步地剖析了讓她痛苦的習得模式，她逐漸移除阻礙她的屏障並且用心實踐。她學會了表達愛意，無論是肢體上還是口頭上的。她與古斯塔沃的關係有了很大的改善，他們兩人都知道！我對這對情侶的未來非常有信心，因為他們都在個別接受治療，這表示他們共同進展地非常順利。

艾克托（Hector）的案例

艾克托是個高大、嚴肅且疏離的人。他從事教育領域的工作，在諮商過程中，我注意到他很難放鬆而且感到不自在。

當我問他發生了什麼事時，他回答說：「我妻子要離開我，她說我就像冰山一樣冷漠。」

艾克托的父母離異；他的母親在他小時候就遺棄了他們，並和另一個男人共組新家庭。他與父親一起生活了兩年，但父親陷入了嚴重的憂鬱症，於是決定搬去祖父母家，他們能夠照顧他。他對母親充滿憤怒和抗拒：

「她拋棄了我，離開了我，只在我生日時打個電話給我。我覺得我恨她。」

祖父母是非常冷漠、保守且不善表達情感的人。

「沒人教我如何表達情感，我從未感受到親近的人對我的愛。」

他把重心轉移到學業上，他是一名優秀的學生，總是取得優異的成績。「我修了三個學位，完成兩個博士論文。我在各級學校任教，並在英國的一所學校擔任教授，每個月去兩次。」

只有談及知識或專業議題時，艾克托才能放鬆下來。當我轉而談論他與妻子的關係時，他說：「我們在英國的大學相識。她是另一個系所的教授，我們必須一同進行研究，不久後我們就開始交往。她是個聰明的女人，但在我看來太情感用事。」

當我和她諮商時，我發現她十分外向、充滿熱情且非常聰穎。

「我愛上了艾克托的頭腦，我從未遇過像他這樣理性的人。我們認識僅僅幾個月後就結婚了，但現在，特別是在疫情期間，共處變得讓人無法忍受。他毫無感情，缺乏同理心。和他談論情感是不可能的，他非常封閉。我已經受夠了，再也無法忍受了。」她說。

艾克托的情況相當複雜。他在童年時經歷了嚴重的創傷（母親的離棄、父親的憂鬱以及祖父母的冷漠）。他從小就沒有健康和安全的依附關係，從未感覺到自己的情感對他人來說很重要。他已經接受幾個月的心理治療，這是一個漫長的過程，因為有許多需要解開和療癒的問題，但他已經開始理解並接受生活中的情感面向，他的妻子也逐漸察覺到他一點一滴的進步。

對於瑞秋和艾克托，我都在努力將他們的逃避型依附人格轉變為更安全的依附人格。我使用了EMDR[2]，以解開童年時期需要關愛和關注的情景或時刻。此外，幫助他們理解和了解自己的情感歷史也在逐漸療癒這些創傷，並產生轉折點。行為指導也有幫助。換言之，我提供他們一些小工具來培養情商，從而更好地表達情感、處理衝突，和管理情感世界。

對於具有不安全依附風格的患者來說，一種有效的治療方法是與具有安全依附風格的人（朋友、團體、伴侶等等）建立聯繫或連結。

依附的兩個支柱是自主性和連結，兩者之間必須有良好的平衡。
在焦慮／矛盾型依附中，連結占主導地位；
在逃避型依附中則存在較高的自主性。

三、混亂型依附

此依附類型是焦慮／矛盾型和逃避型的混合體。

孩子會表現出矛盾的行為，有爆發性的行為傾向，並且難以與照顧者相處。這種依附風格也被歸因於他們在嬰兒時期發送的信號得不到照顧者適當的回應。孩子在成長過程中不確定對他們身邊的照顧者能抱有什麼期望。

當這種類型的孩子長大成年後，他們可能重複在童年時期看到的模式，行為從具有攻擊性轉變為討人喜歡或控制欲強。這些人的內心感到極度挫折和憤怒，儘管內心最渴望的是建立親密關係，卻反而常常拒絕建立關係。他們自己也承認不理解自己內心所發生的事情。許多時候，他們可能意識到自己感到迷失、無所適從或空虛。這些人在成長過程中缺乏自我認同模式，對於建立或維持關係毫無依據。有時候他們可能有衝動的問題，甚至可能需要藥物治療來緩解情緒的波動、憤怒和挫折。

近年來，反社會性格已經受到廣泛研究。密西根州立大學的亞歷山德拉．伯特（Alexandra Burt）最近對雙胞胎進行的一項研究顯示，以身體攻擊或專制嚴厲的方式為基礎的教養會促使這些孩子在長大後表現出反社會行為。

羅伯托（Roberto）的案例

羅伯托經常焦慮症發作。他多次接受治療，甚至曾因嚴重藥物成癮而住院。「我的童年時期充滿創傷。」他說道。「我父親讓我母親懷孕了，但他已經和幾個不同的女人有了孩子。我是他的第五個孩子。他的生活一直以來都過得亂七八糟。我母親出身貧寒，但長得非常漂亮，我父親在鎮上的嘉年華會裡愛上了她。他一知道她懷孕就拋棄了她。她在一家夜店當服務生，常常很晚回家或根本不回來，那幾個夜晚我就得和鄰居一起度過。我七歲時，父親想見我，由於他比較有錢，母親同意讓我和他一起住幾天。那簡直是地獄，我那時還很小，但我記得每天家裡都有不同的女人。十二歲那年的一個晚上，我獨自一人等他回來。他打電話給我，這件事我一輩子都不會忘記，他把電話拿給一個女人聽，這個女人對我說：『今晚你爸爸會跟我在一起。』我感到極度空虛。在我成長的社區裡，有一群男孩接納了我，並且讓我感覺到自己的重要性，但毒品也時常出現，於是我開始吸食古柯鹼。」

羅伯托講述這些過往時並沒有流露太多情感，女人和毒品成為他逃避現實的方式。他知道自己的外表容易吸引女性，但無法對她們保持忠誠並善待她們。他因為與同事處得不好而被解雇了兩份工作。

治療他是一項挑戰。一方面，要在他戒毒時幫助他處理頻繁發作的焦慮症。困難的是拆解他有害且不安全的依附系統。他認為自己從未遇過對他有良好影響的人。康復的關鍵是找到一個能融入的群體、參與體育活動、旅行和彈奏樂器。感受到自己是健康群體的一部分，而這個群體是由善良且樂於接納他的人所組成，這會讓他感覺更好。目前他還沒有準備好擁有伴侶，至少在他的生活更有秩序之前是如此。

父母或有毒的照顧者會給孩子帶來極大的痛苦。孩子在某種程度上會被一種網子包圍，他的警覺系統——也就是皮質醇——將在一生中保持活化。他的逃避方式可能包括吸

低自尊
注意力不足過動症（ADHD）問題
攻擊性
嚴重程度不一的精神疾病
（焦慮、憂鬱、藥物問題、精神失常等）
情緒管理問題
尋求關注，有時伴有反社會行為

▲混亂型依附

毒、性方面的問題以及嚴重的焦慮症狀，甚至可能出現其他精神疾病（包括思覺失調症和解離症狀）。

治療師必須能夠堅定、直接且溫和地與患者溝通。我曾經有過這種類型的患者，我與我父親一起為他治療。在我們兩人的共同努力下，患者的狀況穩定下來了，我們也一同決定每位患者需要治療的地方。

混亂型依附的患者極有可能不會定期就診，對話的內容可能因情況而異（往往需要處理不斷出現的嚴重衝突），療效也會有很大變化。治療的目標之一是向他們展示模式。我們必須教導他們建立親密關係的方式，如何避免干擾或危機，並學會提前察覺以將傷害降到最低。

總而言之，我們小時候被撫養、被愛和被教育的方式會形塑現在的我們。

1 譯註：邊緣型人格障礙包括一些特定的人格特徵，如情緒不穩定、尋求強烈感受以及充滿空虛感，並在人際關係中遭遇嚴重問題。

2 譯註：指「眼動減敏與歷程更新療法」（英文名稱為Eye Movement Desensitization and Reprocessing，簡稱EMDR），用於有效減輕或消除心理創傷的感受。

13 如何治癒舊有且癒合不良的創傷或不安全依附

當有人來尋求治療時，我可能會遇到不同的情況。首先是遇到一個正在經歷危機並向我尋求幫助來解決問題的人，問題可能是嚴重的憂鬱症、焦慮問題、夫妻關係危機等。這些問題也許源於他們生活中的某個特定方面，例如：與周圍的人處於複雜的關係、未能克服的創傷、難以控制的害怕和恐懼症、正在經歷失去的痛苦等等。有些患者渴望找到更能分析、理解和管理自己的工具，因為他們意識到日常生活中存在一些不如預期的問題；有些人則發現內心的空虛導致他們採取某些逃避行為，例如：藥物、酒精、對社交媒體的沉迷、性成癮等。

總的來說，有些人前來求助是因為他們無法應付困難的環境，而有些人則因為儘管事情整體上進展順利，但他們仍感到內心的空虛和不滿足──「我不能抱怨，我沒有什麼大問題，我確信有比我更嚴重的人應該來這裡，但我擁有了一切，為什麼我還是不快樂？」這些人可能有某些無法讓他們感到快樂的因素；可能是完美主義、潛在的憂鬱傾向、內心自我批判的聲音或是痛苦的情感經歷等等。在所有這些情況下，尋求幫助對於他們在外在環境和每個人的生存方式之間找到相對的平靜與平衡是至關重要的。

學會管理情緒是享受生活的關鍵之一。

情緒管理取決於什麼？

情緒管理意味著在面對壓力、憤怒、悲傷或挫折時能夠調節自己的情緒。正如同我們已經看到的，這種管理的學習始於童年時期，為了能夠健康地啟動它，初生幼兒時期就必須有一位照顧者能夠正確且均衡地滿足孩子的需求和問題。

我們與他人建立連結的方式，與我們在童年時期受到的照顧和學會愛的方式密切相關。我們如何被愛，就學會如何去愛。你被愛的方式，就是你愛人的方式。

當童年時期出現創傷，成年後的情緒管理能力就會受到損害。這些創傷可能程度各異——兒童屢次被忽視、虐待、霸凌、騷擾、侮辱等等——但即使是中度或輕微的創傷也會留下痕跡。情緒上的傷痛會影響你成年後的自我。了解你的具體情況，將使你能夠踏上康復之路，治癒曾受過的打擊。

作為父母，別忘了情緒的自我調節從童年時期即開始培養。分析一下你在孩提時期是如何學會處理衝突的。

接下來，我將分享治療過程中我所使用的方法。作為沉浸在閱讀這些內容的讀者，我相信其中某些概念將引起你的共鳴。

我將列舉我對患者進行治療的不同步驟，但並非人人都需要經歷每個階段；有些人只需理解特定的概念，就會感到緩解和改善了。

理解帶來解脫

理解、陪伴和同理患者是重要的轉折點。運用人格基模、「動作感知」的概念、皮質醇的奇妙世界以及我將在下文解釋的情緒基礎為引導，有助於患者理解自己的生活，從而減輕所受的傷害，因為人會感覺到自己的生命是有背景、有意義、有方向、有原因，而且有可能的治療方法。隨著患者逐漸理解前述的內容，治療師可以引入新的概念和觀念來幫助他們。

我的維他命治療

一・整合所有面向

在治療過程中，我仔細聆聽面前的人，並開始建構他們的依附系統、情緒管理方式、個性以及他們的身體和心理對這一切的反應。

第一天我會解釋所謂的「人格基模」，同時向患者介紹心靈（心理）和身體（生理）之間的連結。我會針對每個人的個人經歷做解釋，從皮質醇、身體、炎症、軀體化症狀、個性、與周圍人們的相處方式，以及依附系統等進行解讀。這只是一些初步的概念，但能為來訪的人賦予意義。了解他們的症狀、人際關係和行為能幫助他們看到一條超越困境的道路。

二・人格基模

從第一天起，「人格基模」就是治療的重要支柱之一。我在《親愛的，那不是你的錯》一書中提到過，但我認為有必要在此提及。

在一張紙上描述患者的人格類型（特質），以及造成壓力的因素（導致他們進入警戒模式和皮質醇升高的因素）和這些因素對身心的影響，會激發他們開始邁向改善的旅程。

佩德羅（Pedro）的案例

佩德羅因多年來患有焦慮症而來到我的診所。我們一起分析他的個性：他有強迫性格（對所有事情都反覆思考），他是一個完美主義者，而且非常害羞（幾乎達到逃避型的人格特質）。我們確定了他的壓力源：每天都不得不遇見前女友（他們在同一個地方工作）、處理經濟問題（月底經常入不敷出）以及參加社交活動（他的害羞性格讓他不知所措）。

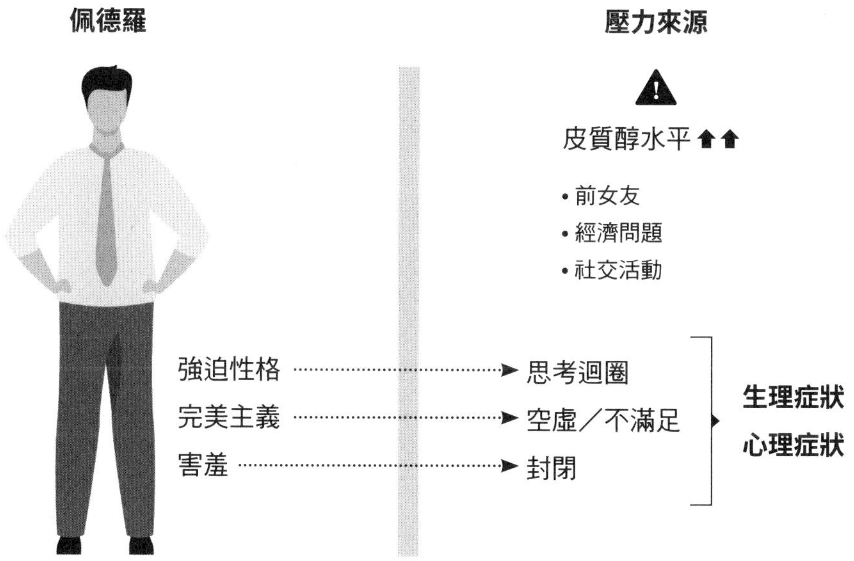

▲人格基模
佩德羅的案例

在壓力源的影響下，他的個性發生變化（請參考人格基模），他身體上出現生理反應——持續頭痛和胃食道逆流，心理上也出現反應——焦慮和失眠。佩德羅多年來一直服用藥物來治療消化系統的問題、焦慮和失眠，他控制了症狀，但忽略了症狀背後的根本原因。現在他終於理解到，他在身體上感受到的和心理上察覺到的反應，其實是他的個性在面對壓力源時所做出的反應。透過學習解開這些壓力源以及調整性格特質，他開始看到改善的無限可能性。

有多少人多年來一直服藥，但從未深入分析自己的個性和壓力來源！因此，有時人們會錯誤地說：「他們一輩子都患有憂鬱症」。實際上，他們從未嘗試探究自己的個性，也從未解除導致他們生病和阻礙他們的因素。以這種方式進行治療，能夠增加走出困境的可能性。

三．期望

在聆聽對方並解釋他們的身心運作後，我通常對於如何引導他們有了大概的想法，但首先我想了解：患者對治療有什麼期望？病患對我作為治療師有什麼期望？患者最主要的擔憂是什麼？這是一個重要的問題，因為儘管我有時在工作中「過度」發揮了我身為精神科醫生的作用，試圖提供比嚴格意義上的精神治療更多幫助，但了解患者的期望是關鍵。每個人都有不同的選擇，我喜歡在第一次面談中了解我作為醫生能夠提供多少幫助。

四．與治療師的關係

在治療過程中，要幫助一個具有不安全依附風格的人，首要條件之一是試圖建立與患者的穩定關係。換句話說，治療師應該成為一種維他命般的支持，成為患者信賴的人，讓患者能夠揭露他們的傷口並接受幫助。

在最初的治療過程中，醫生與患者之間建立連結可能會非常困難。我非常小心處理，因為患者在尋求生活的重要支柱，有時會產生依賴感。在其他情況下，如果患者對治療或對心理師的期望未達到預期，就可能出現輕視心理。當患者無法克服與治療師之間產生的障礙時，也可能會產生不信任，這需要時間、耐心和關愛。

在某些情況下，有些患者無法傳達他們的感受。對他們來說，能夠交流就是一種勝利；他們從來不知道如何表達情緒，也很難分享自己的不適感。他們以近乎描述的方式講述事實，但不知道如何在情感上表達這些事件對他們產生的影響。還有一些人會為家人尋求幫助，並警告說這個家人不會輕易接受治療，而且可能很難承認有問題存在。

對於患者來說，感覺到被理解且不受評判，並被允許表達自己的感受是一個重要的轉折點，在這裡他們可以開始處理他們的恐懼、問題和擔憂。在這種自信的基礎下，治療之旅就此展開，而且成果可能非常豐碩。這就是「維他命治療」的由來。心理治療是與某個人建立密切的關係。每個人都敞開心扉，分享自己的心靈和故事。有時我稱其為「溺愛治療」，因為首先需要找到一個安全的地方和一個帶來信任和安全感的人，患者能在這裡感到平靜、安心、被接納而不受評判。

在某些時刻，當我結束一段重要的諮商，觀察到非常不安全的依附風格時，我會感到激動，深呼吸去釋放我所經歷的一切。接著我會平復心情，以便能夠進入下一個等著我的人分享的生活。這些諮詢可能非常深刻且充滿感情。我來告訴你一個幾年前發生在我身上的故事。

拉法（Rafa）的案例

拉法是個二十二歲的獨生子。他在青少年時期曾遭受霸凌而罹患憂鬱症，並且自殺未遂。自那時起，他形成了一種強硬而不近人情的個性。他的父母是冷漠、缺乏情感且要求極高的人。自從疫情開始，他一直被困在安達魯西亞的一個小鎮，因為他的父母害怕感染而不准許他離開。

由於症狀惡化，我要求他親自前來諮商。他的剛硬特質和強迫性格變得更加明顯，而且無法表達情緒。他的依附類型是嚴重逃避型的不安全依附。

那天，當我終於成功卸下他的防禦武裝時，他崩潰大哭。由於他的防禦被打破，他感到極度苦惱和絕望。我走向他，握住他的手——我們正處於疫情期間，我知道不能碰觸任何人，但這個情況是必要的。他對我說：「自疫情開始以來，這是我與他人最親密的接觸，謝謝你碰觸我。我已經忘記有人靠近給予支持的感覺。」

能夠幫助一個讓你走進他的心靈和靈魂的人是非常美妙的，但這也會動搖治療師自己的根基。這也是我認為醫生、心理學家、教育者和情感領域的專家們需要時不時得到支持的原因。換句話說，我們也需要有人指導我們，在脆弱或超過負荷時給予我們支持。當然，我也有這樣的人，他們是我特別的「維他命人」，在我感到疲憊或脆弱時給予我靈感，讓我能繼續我的工作。

五・生物體、藥物和補充品

在與患者分享對其情緒歷史和身心症狀的印象後，我試著為他們釐清導致他們出現這種情況和行為的原因。我會詢問他們是否需要某種治療方法來緩解症狀，從藥物到益生菌、天然物質、Omega 3、維生素 D 等等。

藥物有時是必要的，藥物可以成為走出負能量和痛苦循環的催化劑；有時它可以使我們走出警戒狀態；有時是改善強迫症狀的必要手段，使我們透過休息恢復生活品質；有時它能幫助我們度過極度痛苦和焦慮的階段等。藥物是很好的輔助手段，但不能成為唯一的治療方式。我們不應該只依賴藥物而不使用其他輔助技巧來提高療效。重要的是，當藥物治療逐漸發揮作用時，我們開始對心理、情緒、行為和創傷（如果有的話）進行治療。我傾向於把它比作嚴重的背部肌肉緊繃或腰痛。如果一個人因為疼痛和無法活動而去看醫生，醫生可能會建議他做伸展運動，那麼首先且最重要的是要能動。也許這需要一次藥劑注射或是藥物來舒緩肌肉，然後才能開始動作。

儘管身體和心理的案例有所差異，但大腦的機制是類似的。一個武裝自己、充斥著皮質醇、感到焦慮、悲傷或憤怒的大腦很難學習放鬆，或者改善情緒管理或與周圍的人相處的方式。

六．治療中的過去、現在與未來

在療程中，當患者逐漸改善，我會幫助他們管理當前的壓力，盡可能減少這些壓力對他們日常生活產生的影響。這些壓力源因人而異，對每個人來說都是多樣且不盡相同的：可能是人、回憶，甚至是一些情況，只要一想到或碰到它們，就會迅速活化患者的警戒系統，使其陷入消極的漩渦。

遇到前女友、老闆或婆婆、坐電梯或身處封閉空間、目睹孩子發脾氣、感受身體上的症狀（對於疑病症者而言），或感知到別人的髒汙和混亂（對於強迫症的人來說），壓力源不勝枚舉，因為每個人都是獨特的。從第一天開始，我會具體識別這些因素，然後開始拆解它們並學習如何處理它們。

當患者漸趨穩定，我會開始治療他們的過去和未來。過去存在著創傷、傷口和阻礙；而在未來，則有面對某些挑戰的恐懼和限制。這必須非常謹慎地進行，以便逐漸療癒過去的傷口。有些創傷需要被療癒，而患者必須能夠在沒有痛苦的情況下描述過去的困難時刻。

為了消除壓力源、療癒創傷和深刻的傷口，我通常使用一種技術，即「眼動減敏與歷程更新療法」（EMDR），此療法有助於治癒或修復未痊癒的傷口，避免癒合不良的情況。

EMDR是什麼？它有什麼作用？

我總是反覆強調，幸福在於健康地生活在當下，克服昨天的傷痛，懷抱對未來的期待。EMDR這項技術實現了我所提出的目標，即能處理過去的痛苦、面對當下的困擾以及化解對未來的恐懼。

我是在柬埔寨時透過一位法國心理學家認識了這項技術。他帶我去一家小診所，在那裡他協助受到性侵的女童。我目睹了一幕，小女孩閉著眼睛，正在回顧可怕的性侵場景。該心理學家在與她交談的同時使她放鬆下來。他告訴我這是數十年前由美國心理學家弗朗辛・夏皮羅（Francine Shapiro）創造的一項技術，用於解除創傷。回到馬德里後，我接受了這項技術的培訓，並見證它的巨大作用。

EMDR是一種治療創傷後壓力症候群的有效技術，某些人在經歷困難情況時可能會出現創傷後壓力症候群，這些情況可能威脅到他們自己或他人的生命、危及他們自己或他人的完整性，或者由於年齡的關係或情況的嚴重性而無法處理或理解情緒。此外，EMDR還具有多種機制，可幫助患有焦慮、憂鬱、自尊問題、創傷回憶、無法排解的悲傷、強迫症、恐懼症、成癮、恐慌症或情感依賴等問題的人。

EMDR通常需要進行多個療程，並需要在安全且寧靜的環境和陪伴中進行，過程中記憶、情感、負面感覺以及想要解決的所有事物都會被識別出來。

這個過程是透過聽覺、視覺、觸覺或腦半球之間的刺激來完成的，利用大腦的自然生理資源來治療心靈，就像在睡眠時快速動眼期所發生的一樣。

透過雙側運動，EMDR目的在於消除或緩解我們在神經系統中的阻塞，使大腦能夠適當地處理記憶並將其發送到長期記憶中。因此，工作記憶將有更多空間應對新事件，並且更加清晰地形成良好的記憶。這也使得經歷不會滋養負面的記憶，使我們陷入另一個壓力和焦慮的循環。

當為創傷或痛苦回憶開啟新的學習途徑時，經歷會轉變為適應性的記憶。記憶將與大腦中的其他記憶相結合，帶有適當的情感、聯想和正向信念。這並不代表事實會從記憶中消失，而是從現在起它屬於過去，這使我們更能活在當下，展望未來。

總而言之，在進行EMDR療法時，我們的目標是減少創傷性回憶的情感細節、在經歷創傷後繼續感知的身體和心理效應，以及對未來類似情況產生的焦慮感。

藉由EMDR，我們能夠敘述創傷。也就是說，當一個人能夠用語言表達創傷，並創造一個關於所發生事情的故事或「傳聞」時，他的大腦就會整合發生的事情，傷口也會癒合。有時我會使用EMDR技術來達到這一點，在創造情境的同時也回顧創傷，進而取得令人鼓舞的結果。

丹尼爾．J．席格醫生是這些領域的專家，他的著作《教孩子跟情緒做朋友》（*The Whole-Brain Child*）是我的首選之一。我推薦給父母或教育工作者，他們也許希望改善並了解與子女或學生之間的關係。這本書引導父母和教育者了解孩子的大腦，幫助他們緩解痛苦，並學習在孩子的危機時期或成長時期陪伴他們。

席格醫生指出一個重要的主題：創傷可能發生在非常敏感的階段。如果創傷發生在零到三歲內，我們絕對不能認為孩子不會記得。內隱記憶從懷孕的最後幾個月開始存在，因此在這個時期發生的事情確實會產生影響。處理這些創傷往往很困難，但現在有一些療法能觸及心智和情感的深處，幫助那些受到傷害的孩子。

在創傷中，我們會發現孩子無法講述或憶起他們的故事。他們的記憶可能是不連貫的，會出現記憶空白、破碎的片段或被封閉的回憶。創傷會減少兩個腦半球之間的連接性，使得事情與情感難以整合。處理某些問題時，他們的內心會產生巨大的痛苦，但他們無法用言語來描述自己的感受。敘述這些故事能賦予創傷意義並能整理思緒。因此，我鼓勵大家能透過整合創傷來敘述自己的經歷，使其變得更易於消化且具有連貫性。

幾年前，我參加了由兩位精神科醫生，阿爾貝托·費爾南德斯·利里亞（Alberto Fernández Liria）醫生和貝雅特莉絲·羅德里格斯·韋加（Beatriz Rodríguez Vega）醫生所教授的一門精彩的創傷課程。他們解釋了心智化的重要性，即我們具備能感知或解釋他人行為的能力，同時我們也能夠理解自己的行為與識別心智狀態，包括情緒、意圖、信念、感受和自己與他人的想法。這就像一種更高層次的共情。對於那些經歷嚴重創傷的人來說，這種心智化的能力會受到阻礙。

在柬埔寨，遭受性侵害的年輕女孩們表現出情緒低落的狀態，說話時的能量極低，當她們敘述經歷的故事時語言不連貫。與未曾經歷過痛苦事件的同齡孩子相比，這些女孩（與受到嚴重創傷的人一樣）通常右腦半球發展得較不成熟。

刺激她們右腦半球的方法包括遊戲、音樂、舞蹈、藝術（藝術治療可以產生驚人的改變）以及肢體接觸和擁抱。在這些情況下，醫生必須逐漸融入當事人的生活，一面耐心等待，一面前進。分析在患者身上產生的每一個效果，以便繼續評估應採取的步驟。

七．我如何解讀事情？

我曾多次重申，幸福不是我們所經歷的事情，而是我們如何解讀它。這種解讀取決於三個因素：信念系統（我們對生活的想法和期望）、情緒狀態，以及我們過濾訊息並保留重要內容的能力（上行網狀活化系統）。最近，我添加了一個圖表，我認為它能更有用地理解每個人對於所發生的事情的解釋，我稱它為「從感知到行動」圖表。我通常會把此圖表簡單畫在紙上，用一隻大眼睛和一顆心來表示。

我們都能感知到周圍環境中正在發生的事情（透過眼睛），這會對情感層面產生影響（也就是心）。在這之後，我們或多或少會思考，然後採

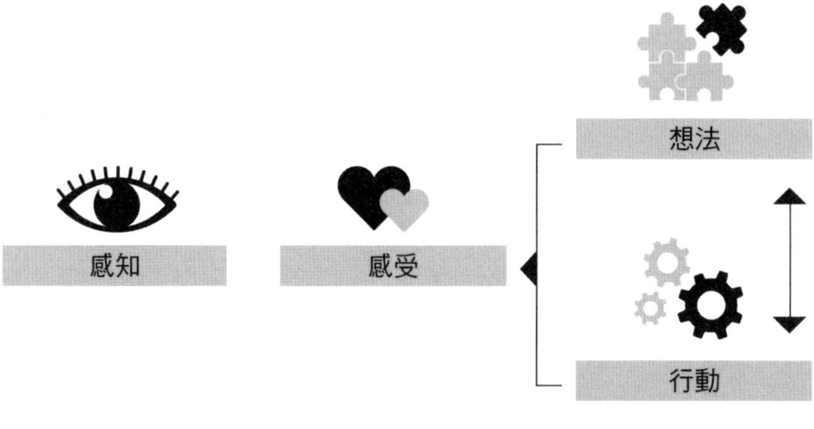

▲「從感知到行動」圖表

取行動（如果無法行動，我們就會陷入僵局）。

赫蘇斯（Jesús）的案例

赫蘇斯常常心神不定，難以專注。他的情感非常豐富且敏感，經常沉浸在自己的思緒中，無法做出決定。

自我認識的增長有助於自我管理以及專注於心理目標。我與赫蘇斯一起努力解決他過度敏感的問題，讓他用頭腦行事，也讓他變得更加果斷。

八・修復溝通

在情感世界中，最常見的課題之一就是學會如何以健康的方式表達和溝通自己的感受，並與來往的人建立流暢的互動。

學會溝通和表達情感是克服不安全依附的一

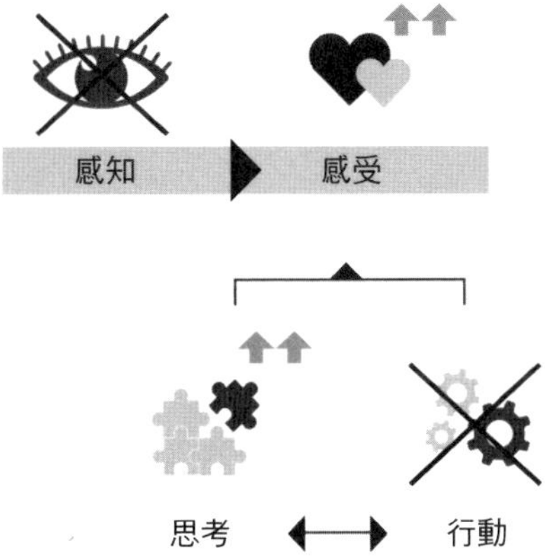

▲赫蘇斯的案例

項重要任務。這種依附型態產生的許多創傷，其根本原因在於父母與孩子在童年時期的溝通問題。換句話說，很多傷口是由於無法透過語言溝通，缺乏情感交流而形成的。在缺乏溝通的情況下，情緒只能以極端的方式來應對，例如：出現攻擊性、冷漠態度或虐待行為。

這就是我深信溝通具有療癒力量的原因所在。在治療中，我教導患者一些工具，幫助他們學會以非攻擊性的方式表達不適、愛意或情感。有時候，我會以基本的方式教導他們，讓他們能夠說出自己的感受而不傷害他人，向別人尋求幫助而不變得脆弱，好好說話而不大聲喊叫，聆聽他人而不帶著批判的態度，分享而不感覺受到威脅……這些都是緩慢的步驟，但對於療癒不安全依附相當有用。

九．引導與教育內在聲音

這是我想要傳達的一個非常重要的概念：內在聲音。每個人心中都有一個聲音，它評論著我們所經歷的事情以及我們的恐懼、挑戰和想法。有些人總是聽到這個聲音在責備、折磨他們，這使他們身心俱疲。這個聲音有時會變得強烈，有時則不讓我們那麼苦惱；有時我們的意識較強，有時則較弱，關鍵是要理解它對我們的影響。

內在聲音反映我們面對生活中不同挑戰、計劃或目標的態度，它應該成為支持我們的力量，而非將我們拖入泥淖。我們必須小心不要自我阻撓，否則我們在開始做事之前就先失敗了。對於浪漫約會、醫學檢查或考試之前的態度，都會對最終結果有顯著的影響。

最近，我很訝異有很多人向我諮詢這個問題。「當內在聲音指責自己時，我該怎麼辨？」、「要如何處理批評自己的內在聲音？」、「為什麼我對自己如此苛刻？」。有時我還會聽到這樣的話：「我變胖了」、「我的老闆不重視我」、「丈夫對我冷淡」、「沒有人注意到我」、「沒有人重視我」、「我永遠不會有孩子」等等。在《親愛的，那不是你的錯》一書中，我曾深入探討這個問題，特別是因為這對我們的健康和生活中的目標有著重大影響。現在，我想分享這個聲音的另一個面向：它的源頭來自哪裡？

要教育內在的聲音是一件複雜的事，但成功做到這一點，將使我們更接近於與自己和平相處，並在個人和職業生涯中展現出最好的一面。這個聲音對於工作的影響非常大。據我所知，內在聲音總是一直在責備自己的人，很少能在職場上取得成功。當然，我指的不是自戀狂（他們只會聽到讚美和誇獎他們所做一切的聲音），而是那些內心善待自己、不自責，並且踏實地生活的人。

內在聲音從何而來？

這些年我一直在尋找一個最能解釋這個概念的比喻。我設計了一個圖表，希望對你有所幫助，你可以將圖表內容應用在你的生活中。

童年時期的錄音機，成年後變成了內在的聲音。

每個人出生時都帶著一部空白的錄音機，就像是一張白紙或空無一物的硬碟，其中記錄著我們所經歷的事件、感情和對話。內在聲音的關鍵在於：

- 我們的父母是如何與我們溝通的。例如「我不為你感到驕傲」、「你是個懶惰的孩子」、「你真是個好兒子」、「你真是一團糟」，或者「我相信你，你一定可以做到」。
- 父母之間如何相處。例如：「沒人能忍受你」、「我非常愛你」、「你真是個麻煩的人」、「你很自私」等等。
- 父母如何在別人面前談論我們，例如：「這孩子真讓人難以忍受」、「他真是個討厭的傢伙」、「我兒子是個非常棒的孩子」等等。

「父母」這個詞，你可以替換為兄弟姊妹、老師或親近的親戚。父母親是最有影響力的人，但我們也可能透過學校、祖父母、兄弟姊妹或朋友等其他關係來削弱這個內在聲音。

路易斯（Luis）的個案

路易斯是三兄弟中的老么，他們家全都是男孩。他的父親對他非常苛刻和嚴厲。他告訴我，他的父親經常指出他是三個孩子中最醜而且最不擅長運動的那一個。他的父親參加了他哥哥們的運動賽事，但從未去看過他的比賽。

「我不會浪費時間看一個笨蛋跑來跑去……等你打得跟你哥哥一樣好的時候，我就會去支持你。」

這種持續的羞辱在他的腦海中留下了烙印，對他成年後造成了巨大的傷害。他內心深處不斷告訴自己，他不夠好，不值得老闆的重視，當然也不值得父母的愛，像是「你做不到的」、「你的老闆不看重你」、「你肯定會被開除」……

路易斯很自卑，沒有安全感，並時刻尋求他人的認可，因為他小時候從未在家裡得到認同。

影響有多大？

這並不是精確的數字，但對於試圖理解自己過去的成年人，或是擁有孩子並希望幫助他們展現最好一面的父母來說，這可以作為一個指南。

這種影響力在六歲前特別重要（約占百分之五十）；從六歲到十二歲，重要性占百分之二十五；而在之後的人生中占剩下的百分之二十五。這些數字只是大概的估算，並不是確切的，但我認為它們反映了每個階段的重要性。

一個人可能在與父母親的關係中擁有安全和健康的依附，但也可能碰巧遇到一段可怕且具侵略性的戀愛關係，或是與棘手的老闆打交道，這些都會造成創傷並影響態度、恐懼和內心的聲音。但如果童年時期相對美好，療癒這些創傷將會更加容易。對此鮑里斯・西呂爾尼克給出了一個精闢的解釋：成年人的安全感來自於童年時期建立的依附系統。當創傷發生在擁有健康和安全依附的人身上，以及發生在擁有破壞性和侵略性依附的人身上，兩者相較之下，創傷帶來的傷害程度並不相同。

這個聲音某種程度上影響我們的自尊，並在很多時刻產生猶豫不決的問題。生活本身變得複雜，因為我們永遠不知道哪個決定是正確的。做出選擇即表示對事物或多或少有清晰的想法，在做決定、做選擇和行動時有堅實的支柱。為此，我們需要了解自己是誰，知道自己喜歡什麼、討厭什麼，了解自己的極限，以及在生活中願意放棄些什麼。

自卑的人會有一個內在聲音在不停地責備他們。

因此，我們一出生就被父母所接納，這點至關重要。如果你為人父母，想想你如何看待你的孩子。我不斷聽到一些父母向我承認，他們對自己的孩子並不感到驕傲，並以某種方式讓孩子知道了這點。無論形式如何，否定都會對人產生影響，父母否定子女的這種情況，產生的影響非常有害並會造成傷害。

許多人都在用這樣的聲音折磨自己，而那不過是他們童年時從所愛的人嘴裡聽見的翻版。這個內在聲音在下列幾個層面上對我們的影響很深：

- 你的自信心和決策能力。
- 你的自尊心（你如何對待自己）。
- 你的行為。在這裡有兩種可能：一方面，你理解你的童年，療癒並克服它，因此能夠自由地走出這些創傷的束縛，從而找到自己的道路。但也可能發生相反的情況，這個沉重的包袱繼續對你造成傷害，因為你無法在生活中療癒或處理它。

瑪麗亞（María）的案例

瑪麗亞是一位工業工程師，在一家跨國公司工作，她會說四種語言，今年三十歲，但她缺乏動力。

「我對我的生活非常不滿意，不喜歡自己變成現在這個樣子。我從小就很努力讀書，父母對我和我哥哥的要求非常嚴格，絕不容許我們考低於優等的成績。每天我們都有很多課外活動，還要提前一小時起床學音樂。我一直努力念書，並因為學業和工作而放棄和朋友一起計劃好的活動和旅行。在我的生活中，行程和活動都安排得很緊湊，我們不被允許浪費時間。父母告訴我們，如果我們不失敗並且名列前茅，他們會感到驕傲。」

她繼續說：

「現在我不知道自己怎麼了，一直處於不滿的狀態，沒有任何事情能讓我感到滿足。我必須不斷地忙於工作或家事。我一邊打掃整理，一邊利用時間聽著歷史播客。我總是在考慮要做什麼活動，而當我停下來或休息時，就會覺得自己很糟糕，就好像我良心不安一樣。」

當然，造成瑪麗亞不安的原因有很多，但我很清楚，她現在內心的聲音不允許她休息和停下來而不感到內疚。她更習慣於忙碌和過度要求自己，而不是享受生活和平靜。一個充滿「必須做到」的錄音機造就了不允許失敗的完美主義者。別忘了，完美主義者是永遠不滿足的人！意識到這一點，解構童年的場景和錄音機裡的語句，並逐漸學會斷開這種聯繫，這些幫助瑪麗亞在日常生活中找到了寧靜的空間。在二十一世紀，父母有時會沉迷於對結果的競爭，他們追求擁有完美無瑕的孩子和模範兒童。這些孩子的生活充斥著各種課外活動和時常無法達到的要求。如果這些壓力管理不當，長期下來會產生冷漠、不滿和挫折感，因為他們感覺自己無法達到父母的期望。他們內心的聲音不斷提醒他們，他們可以做得更多。甚至在尋找伴侶時，這種聲音也可能影響他們，因為他們更關注於對方的努力程度，而不是對方的情感美德，而這點通常會阻礙關係的順利發展。

在諮商過程中，教導、解開和引導內心聲音是與自己和平相處的關鍵步驟。為了處理這個問題，我們必須確定我們的言論內容以及它們對日常生活的影響有多大。以下提供一些例子，可以幫助你自我診斷並面對它：

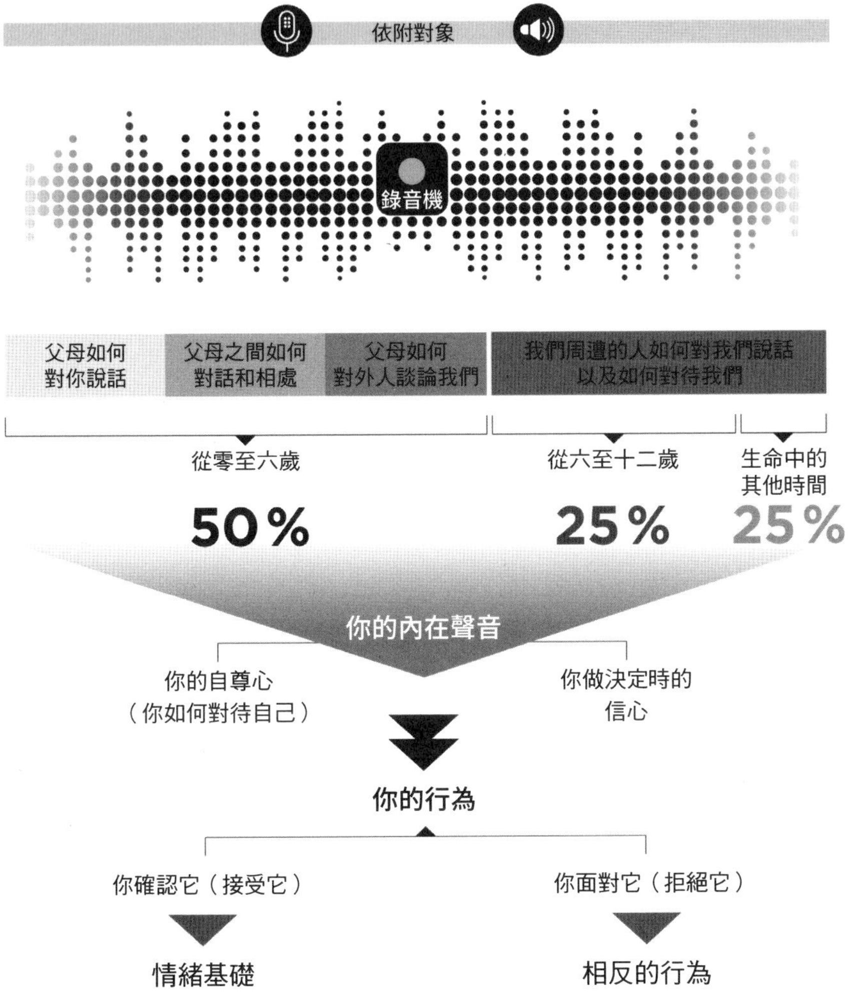

▲童年的錄音機：你成年後的內在聲音

- 我是個壞人
- 我一無是處
- 沒人愛我
- 我不值得愛，也不值得被愛
- 我做得不夠好，或者我對這項工作的準備不足
- 我很醜，我不喜歡自己
- 我不配有這麼好的事物發生在我身上
- 我很笨，或者我不如別人聰明
- 我死了也無所謂，沒人在乎
- 我活該遇到不好的事情
- 我和別人不一樣
- 我的父母／朋友不接受我
- 我犯了很多錯誤
- 我這輩子永遠不會成功
- 我是個失敗者

面對複雜的故事

這裡有一個案例，我將用來說明人格基模、眼動減敏與歷程更新療法（EMDR）以及錄音機（內心聲音）。

安娜貝爾（Anabel）的案例

安娜貝爾患有廣泛性焦慮症和恐慌症，多年來，她一直在接受不同的精神科醫生和心理師的治療，但她意識到自己感覺一點也不好。她的其中一個擔憂是，她會為自己所做的任何事情感到內疚。

「有一個內心聲音在責備我，告訴我這輩子我將一事無成。我每天都不斷接收到負面訊息，這讓我感到非常不安。」

安娜貝爾是一名護理師，已婚，有一個女兒。她感到悲傷、沉重和挫敗。她對壓力極為敏感，這讓她變得很脆弱。此外，她很害羞也不信任他人，這使她在很多時候感到心事重重，陷入憂鬱和深深的哀傷。

為了讓她擺脫每天持續發作的焦慮症狀，我們首先進行藥物治療，幾週後開始進行「維他命」療法，讓她學會應對不好的時刻並分析壓力來源。我使用了她的人格基模來分析她的性格特徵。

在這個案例中，我們發現導致焦慮的原因有幾個：見到她的老闆、她的兄弟姊妹和學校同學，以及看到她的銀行帳戶入不敷出。

在她的童年時期裡沒有人關心她，如果有，也只是在挑剔她。她的母親長時間工作，把她交由阿姨照顧。母親時不時出現，關愛的時刻和令人緊張的時刻交錯發生，而且母親常常缺席。安娜貝爾從不知道每次和母親告別後，什麼時候會再見到她。她的阿姨非常嚴厲，從不表現出關愛，這讓她極度痛苦。

她從未與女性建立健康的連結。一方面，在家庭環境中，她的阿姨是性格強勢的人，會對她品頭論足，並對她說些「如果你媽媽看到你這樣，她會對擁有你這樣的女兒感到羞愧」諸如此類的話。她的姊姊很聰明，是大家的寵兒，包括她的阿姨和母親。

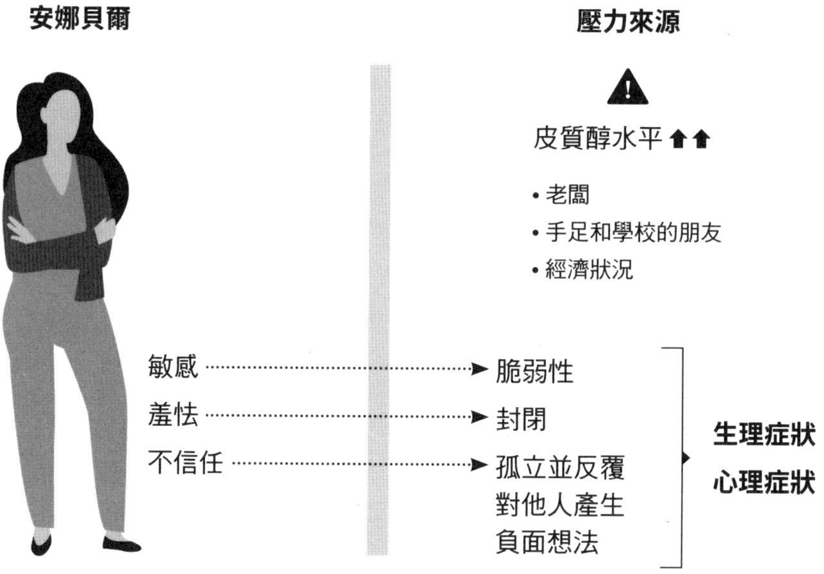

▲人格基模
安娜貝爾的案例

但安娜貝爾和姊姊處不來。在社交方面，她和同學們的相處也有問題，她無法融入任何群體。

安娜貝爾的治療包括：

- 向她解釋她高水平的皮質醇、她的心智警覺狀態和情緒世界。
- 分析她的情緒基礎和童年時期的錄音機。
- 設定治療方案，防止焦慮發作和憂鬱情緒的產生。
- 處理她的個性特質，並審視她的主要特質（敏感、羞怯和不信任）。
- 辨識壓力來源和創傷性場景，並通過EMDR來解除它們的束縛。

透過EMDR療法，她經歷了兩個主要的事件：

- 第一個事件是某天發生在學校操場上，當時她被一群受歡迎的孩子品頭論足。擋在她面前的是幾張批判她、嘲笑她的面孔。面對這種情況，安娜貝爾感到害怕。在治療過程中，她的焦慮發作，痛哭了一場。
- 另一個事件中，她的阿姨說她一無是處，她的母親不以她為榮，她永遠不會有朋友，因為她太難相處，且令人無法忍受。回憶起這件事，她立即感到胃部不適和心跳加速。

她十分痛苦地流著眼淚向我訴說這兩件事。當最痛苦的部分結束後，我引導她的思緒轉移到一個安全的地方，想像自己在滑雪，感受著平靜的雪景。回家後，她感到非常疲憊，這是很典型的反應，接著她睡著了。第二天，她感到更加平靜。她甚至在街上遇到她的阿姨，而沒有出現心跳加速和焦慮的情況！

關鍵之一是讓她發現與她生活中的女性產生的毒性依附關係。她從未感受到她們的愛和理解，與這些人見面會喚醒她最深層的恐懼和不安全感。

隨著我們解開創傷，她的內在聲音開始減輕她們造成的影響。現在她更能夠妥善處理自己的內心，並且學會積極地與自己對話。療程很緩慢，一方面，我們需要繼續疏導她的情緒，避免恐慌症發作；另一方面，我們會提出一些建議，幫助她克服接下來人生道路上的障礙，同時與她的過去和解。現在，她的挑戰之一是改善與女兒的關係，讓她能夠成為女兒生命中重要的支持者。

維他命病人

我自認為是一名鬥士。在治療過程中，我努力幫助我的病人，不輕言放棄，因此我持續學習和進修，陪伴他人走過創傷和困難。我對人類的復原能力和治癒能力有著極大的希望。很多時候，我會提到「維他命病人」：那些在經歷創傷和痛苦後，克服傷痕並給予我動力和熱情繼續前進的人。

我的職業具有一定的困難和悲傷成分，有時會觸動我並對我個人產生影響。心靈上的痛苦有時令人難以承受，聽到這麼多令人心碎的故事有時也會對我產生影響。但我仍然堅持下去，盡力尋找解決方法，最重要的是試著向病人證明他並不孤單。心理學、藥物治療以及各種技巧已被證明對許多人的治療和緩解是有用的。

在這裡，我想要特別感謝那些信任我幫助他們克服恐懼和問題的病人。赫拉多（Gerardo）克服困難的能力、幽蘭達（Yolanda）具有感染力的笑聲、海梅的（Jaime）的同理心、羅雷娜（Lorena）的韌性、愛蓮娜（Elena）的溫柔、龔薩羅（Gonzalo）的歡樂、阿爾伯特（Albert）的和藹可親、梅爾切（Merche）的同情心，以及馬諾洛（Manolo）戰勝問題的能力，他們是我繼續幫助他人的靈感來源。

維他命工具

童年和青少年時期對一些家長而言是一個挑戰。我們必須不要害怕面對教育孩子的任務，不將它看作是一件危險的事情。成長過程中的許多時刻都像是在經歷危機，人們總是希望消除那些令人困擾或不尋常的模式，例如：沒有安全感的孩子、注意力問題、衝動障礙等等。然而，這不僅僅是要讓父母深感擔憂的症狀或問題消失，而是要盡可能地改善親子關係的問題。換句話說，父母要意識到自己作為父母的角色，意識到自己的個人歷史和情緒管理方式。

當成年人能夠與自己的內在建立聯繫，用健康的方式管理自己的情緒時，通往孩子情感世界的橋樑就會自動出現（雖然沒有什麼是自動的，但過程確實會變得更容易）。如果你很難接受孩子對你說不，或你對他的不服從（這是人類大腦的自然過程）做出不好的反應，也許你就會在面對不尊重時出現過度的反應。你接受的教育方式將顯著影響你對待後代的方式。

現在我們都知道：感受到被愛的孩子會成為懂得如何去愛的成年人。在童年時期，孩子的情緒基礎便會形成，這將有助於他們以健康的方式感受愛和表達愛，並且這種情緒的發展與他們跟家庭和社會的初次互動密切相關。

我曾多次聽到和讀到一句話，我認為非常適切：「如果你用大量的愛來餵養你的孩子，他們的恐懼就會餓死。」用愛來滋養他們，就是在與他們溝通並表達情感，因為這會增強他們面對生活挑戰時的自信心。

當他們感受到的愛越多，就越容易克服恐懼。沒錯，「維他命父母」就是無論在實際行動或言語上都不怕展現情感的人，他們並不羞於分享愛。

以下分享一些成為維他命父母的想法：

- 教導孩子談論和表達自己的情感。
- 不否定孩子的脆弱或缺點，與他們談論這些並幫助他們重新調整。

- 親密互動，不要害怕透過身體接觸表達情感。
- 學會稱讚他們，但不要過度讚美。
- 避免過度刺激（讓他們參加太多活動，而忽略了與家人的相處和情感的連結）。留意那些擁有「部長級行程」的孩子，他們的生活被課後活動和高度要求占據，沒有空間重視他們的情感世界。
- 放慢腳步，與他們一起「慢活」。不要急於讓他們成長，每個年齡層都有應該成長和享受的時刻。擺脫匆忙和過度活躍的文化，以便能夠享受生活中美好的事物。
- 安排他們的日常生活。當他們的時間表中存在重複的模式時，孩子會感到安全。與一般認為的不同，當活動是可預測的並且他們的日常生活有一定的秩序時，孩子會更開心而且表現得更好。
- 面對創傷時，永遠不要離棄孩子；當不幸的事情發生時，永遠不要孤立自己。孤單地承受痛苦會更難度過它。教導孩子遇到有人傷害他們的情況時要尋求幫助。

1 作者註：約翰．鮑比、丹尼爾．席格及尼爾斯．瑞加德（Niels P. Rygaard）等人都是深入研究此領域的卓越專家。

愉悅與愛

若你不能憶起愛曾讓你做出的傻事裡的絲毫細節，你便未曾真正愛過。

——威廉．莎士比亞

愛情是在兩個身體裡，住著同一個靈魂。

——亞里斯多德

14 愉悅

我不知道他叫什麼名字，我只和他發生過性關係

有些事情正在改變。談論性的議題似乎比談論親情或愛情更加容易。人際關係中普遍存在不成熟現象，我們現在的生活，就好像三十歲的人是新一代的二十歲，而四十歲的人則像是新一代的三十歲。

瑪爾達（Marta）的案例

瑪爾達是在一個星期五的早晨來到我的診所。我會記得那天是星期五，是因為她來時坦承整晚沒睡。

「我早就預約了這個時間，但昨晚的計劃實在是太棒了，我不能錯過。」

我試著讓她談談輕鬆的事情，逐漸建立她的信任感，進而告訴我她為什麼來看心理醫生。

「你昨天晚上做了什麼？去了哪裡？」

「我以為會是一個不一樣的夜晚，這幾個月來，在深夜出門已經成了例行公事，我們總是做著同樣的事情：在某個人家裡聚會、喝酒，接著去夜店。我和一個在酒吧裡認識的男生上了床。」

瑪爾達承認她對他所知甚少，只是在喝酒時交談了幾句話。在一個多小時裡，我仔細聆聽她的生活故事。她向我講述她的感情史，外出、開心玩樂、盡情享受、無憂無慮地活在當下。她談到了自己感到最焦慮和悲傷的時刻。她把夜晚作為逃避的出口。

她承認多年來，性變成了一種迅速找到快樂的機制，尤其是在喝過酒後，她把性當作純粹的娛樂，與感情無關。

我們對於愛與性進行了一段非常有趣的對話。之後，我和她談了談她的個性、壓力來源和依附系統，並開始勾勒一些可能的解決方案，看看如何擺脫她有時感到的悲傷和焦慮。

瑪爾達和現今眾多的年輕人到底發生了什麼事？我們生活在一個任何事情皆可能發生的時代。我們有多重伴侶關係、開放式關係和隨意的性愛。當今，任何形式的性都會被媒體和輿論製造者關切和強化，而忽略了其他因素。在網路上、電視劇以及對話中，性比以往任何時候都得到更多的宣傳和鼓勵。為什麼公眾越來越容易談論或承認看色情片或幾乎任何形式的露骨性愛，但卻難以表達愛意？性已經變成了公開的事情，能毫無顧忌地展示，而愛情則變成了私人領域的事，甚至許多人似乎對此感到羞愧。年輕人更容易坦率地談論自己的性生活，而不是談論自己愛上的人。

有一天，一位病人在諮詢時問我，為什麼她的男朋友只和她交往了六個月，就希望她去他父母家吃午飯。他在想些什麼呢？他是不是太認真看待這段關係了？

即使是成熟的人，也會在一個晚上認識對方，追求快感，渴望一種逃避方式，最後在床上落幕，卻沒有反思究竟發生了什麼事。有趣的是，當我在治療過程中介入這些人的生活時，我經常感受到他們巨大的悲傷和無限的空虛。我在他們的幻想、憂慮和生命困境中陪伴他們。他們的生活中缺少了某樣東西。他們缺少一個穩固的基礎可以依靠。

克拉拉（Clara）的案例

克拉拉今年二十八歲，因為感到悲傷而來到診所就醫。

她說：「已經有好幾年了，任何東西都填補不了我的內心。我找不出原因。我實現了我的夢想，和兩個朋友一起搬到了巴塞隆納。我們經常外出，玩得很開心，但我並不快樂。我一直想成為那個年輕的女孩，無拘無束，自由自在，但有些夜晚，當我躺在床上時，我會夢想著有一個穩定的伴侶和孩子。為什麼我會這樣？難道不是越自由，越幸福嗎？」

無愛的性，有愛的性

性愛代表著誘惑、神祕、冒險、探索和熾熱的激情，它讓我們去發現和品味自己和對方的親密感，構成並代表著戀愛關係的高潮。

每一次的性關係都是獨特的，其中的成分各有不同。有時充滿激情和肉體慾望，而有時則主要是關於愛意和感情。純粹為了快感而進行的性愛（沒有承諾或愛）帶來即時的滿足感，一種多巴胺的迸發，這種情況下，我們會避免建立情感連結，把對方當作消遣的對象。許多這樣的行為背後都伴隨著酒精的催化，因為酒精「幫助」我們不去思考，並將愉悅的體驗以最大的程度強化。

真正的愛情不是快速、轉瞬即逝或瞬息萬變的。墜入愛河伴隨著一種風險。你會變得脆弱。只追求性的人不會暴露自己，也不會冒著心碎的風險，他們封閉了自己而不去愛，也不去感受來自內心最深處的情感。性愛可能存在其他弱點和風險，但性質不同。

不想談戀愛的人披著鎧甲度過一生。在聆聽別人的故事時，我多次發現有一道牆阻止他們墜入愛河。當我們認識某個人時，察覺這一點很重要，這樣感情就不會混亂，避免不必要的痛苦。

性愛可能帶來巨大的愉悅和幸福感，但也可能導致極大的痛苦。在治療中，我聽過關於肉體關係成為阻礙、帶來焦慮和創傷的故事。其中有傷口、痛苦、憤怒、怨恨、焦慮或恐懼。我在諮詢中會花些時間討論性愛相關的議題。我們的親密生活從來不會讓我們無動於衷：它可能讓我們喜歡、討厭、困擾；它可能讓我們感到暈眩、回憶起某種痛苦，或因某種原因而擱置或封閉起來。

蜜卡艾拉・梅納格斯（Micaela Menárguez）是一名藥學博士，她寫了一本名為《只想被愛》（*Solo quiero que me quieran*）的書，其中講述了她作為大學教授的經歷，探討與生育、性傳染病和現代年輕人戀愛的相關問題。她引述了一些年輕人保持性關係的原因，這些原因與我在診所中聽到的很相似：「為了在團體中脫穎而出，與最漂亮的女孩上床」、「我需要有人愛我」、「出於好奇心」、「為了感受被渴望」、「為了感受被重視」、「提升自尊」、「因為我喜歡向我的朋友們炫耀」等等。原因很多，但常常存在一個根本性的問題，即缺乏安全感、不成熟，需要被愛或被擁抱的感覺。

很多時候，為了感覺自己與眾不同，人們往往會不自覺地尋求這些偶爾的性關係。你應該已經意識到童年對成年後的影響有多大。我們身上的創傷——虐待、攻擊、嚴重的缺席等——影響著成年人的情感和性行為。在童年時沒有建立安全的依附關係，或者沒有感受到被愛和被欣賞，這些都會產生影響，但有一個因素影響更深：**未曾受到溫柔的撫觸**。換句話說，童年時遭受毆打，或者沒有得到愛的擁抱和觸摸的孩子，成年後將帶著情感上的缺失，尋求用其他「事物」來填補。許多人承認，他們在性愛中所尋求的是接觸、擁抱或感受他人的親近。我們都希望「感受催產素」，如果這是伴隨著多巴胺（性愛的愉悅）而來，人就會享受其中並感覺良好。

有些人從事性行為是為了感受他人的觸摸、愛撫和擁抱。

如今，很多戀愛關係都是一次性的，沒有承諾。Tinder這個交友軟體當然也毫無幫助。身體和心靈不相襯，這是讓人心痛的。是啊！有些事情是無法被否認的。當人將自己的情感世界與身體隔離或試圖分開時，生理和心理症狀就會陸續出現。就像我們在《親愛的，那不是你的錯》一書中所看到的，身心是相輔相成的，所以心靈、身體和感情又何嘗不是如此？不去聆聽身體的聲音是有害的！

在性的層面上，將身體和心靈分離並不會讓我們免疫。

如果你讀過我的第一本書或聽過我的一些演講，就會知道我一直非常投入於研究性產業和拐賣婦女的問題。如今，我仍然在治療中幫助成人片演員和性工作者。不久前，一位性工作者告訴我，有很多男人感到孤單，他們唯一想要的就是與人交談，只想要有人願意傾聽他們。她承認並非所有人都在尋找性。

社會學家伊娃・伊洛斯（Eva Illouz）在她的著作《凍結的親密：資本主義中的情感》（*Cold Intimacies: The Making of Emotional Capitalism*）中談到了一個非常有趣的概念，她解釋資本主義的最後一個階段是「情感資本主義」。現今這種個人主義的社會聚焦於滿足個人最迫切的需求，追求一切的滿足，這樣的社會最終將把人的心靈和情感逼入絕境。就像瑪爾達的情況一樣，談論性比談論感情更為容易。

法國哲學家羅蘭・巴特（Roland Barthes）在一九七七年（早在四十多年前！）即稱此現象為「情感禁忌」，他認為我們正在接近一個更容易談論性而非情感的時刻。他並沒有說錯。社會處於過度性化的狀態，相較之下，深入探討真正的情感和愛意卻變得非常困難。

事實上，許多人正在錯過生命中最美好的事物：純粹的愛。

我們懷抱著比想像中更多的浪漫欲望，我們的內心都渴望愛和被愛。在這個一切都能輕易買賣的世界中，永恆的愛似乎已變得不合時宜，彷彿是天方夜譚，但事實上仍有很多人渴望覓得它。

當我們決定照顧心靈，投入一段感情，選擇冒險去愛某人並向對方表達這份愛，讓自己也被愛，我們的生活就會完全改變。然而，這種投入需要努力：時間、堅持、意志和耐心。選擇去愛某人，有時意味著療癒我們的情感創傷，因為正如我父親所說的：「要與別人相處得好，首先要與自己好好相處。」

愛、對待和時間相輔相成

在人類身上，生理、心理和精神相互結合。儘管我們試圖將生理和心理分開，但事實上這卻難以執行，因為身體會對心智產生衝擊，而心智對身體也有決定性的影響力。

亞歷漢德羅（Alejandro）的案例

亞歷漢德羅和維多利亞（Victoria）結婚六年了，他們是在巴塞隆納的一個碩士課程認識的，某天晚上他們一起外出，酒酣耳熱後，他們發生了關係。在最初的幾個月裡，他們保持著開放式的關係，上完課後偶爾見面，但並未承諾任何關係。過了一段時間後，維多利亞發現自己懷孕了。兩人商量過後，他們決定同居，並在寶寶出生後結婚，展開了家庭生活。

當亞歷漢德羅第一次來諮商時，他提到自己對妻子失去了熱情，不再感到被她吸引。他對於與妻子發生性行為感到厭倦，兩人越來越疏遠。他來諮商是為了挽回婚姻、渴望擁有穩定的關係，並減少對新鮮感的需求，因為他從未對伴侶忠誠過，總是需要在床上體驗新事物。我向他解釋了三種與他人的性關係：有愛的性、無愛的性、有愛與承諾的性。

無愛的性很容易理解。有愛的性（我特別指的是熱戀期或關係正漸漸穩固時）通常運作得非常好，對夫妻來說象徵著巨大的快樂和充實感。而當夫妻已經在一起多年，開始有了孩子後，則是有愛與承諾的性。此時的性生活通常會有所變化，性慾可能會降低，因為孩子、工作和日常瑣事而整夜難眠，這些因素導致他們疏忽了親密生活。但這是一個關鍵點！不在乎性生活的夫妻關係會走向瓦解。一對「沒有催產素」的伴侶會有分手的風險。相反地，那些儘管面臨各種環境條件，如疲憊、孩子、體質變化或缺乏新鮮感等，仍盡量維持性生活的伴侶，則更有可能使這種夫妻關係運作良好並持久，這就是有愛與承諾的性。

隨意的性行為會導致憂鬱嗎？

我們已經看到，隨意的性行為是為了分散注意力，或是為了輕鬆擺脫壓力或無聊，或者是為了找樂子，有時還會透過一些藥物來增加樂趣。在這種關係中，也存在一種征服、挑戰、自尊和虛榮的成分，試圖得到在某方面非常有吸引力的人。這與獵人把獵物掛在壁爐上展示的態度並沒有太大的差別。因此有了「花瓶太太」（trophy wife）這個名詞。為了避免隨意的性行為給我們帶來問題，我們必須能夠把情感隱藏起來。但這並不容易，對許多人來說是一個難題，最終會付出代價。我在諮詢中不知聽過多少次這類的話：「我們時常約會並上床。我對他／她沒有別的期待；但前幾天他打電話告訴我，他／她認識了別人，我感到難過。我沒想到這會影響到我。」

隨意性行為的問題在於對方對你沒有任何義務；沒有感情或承諾，很容易讓你產生情感依賴或錯誤的期望。這就是當我讀到一項二〇一三年進行的研究時並不感到驚訝的原因之一，這項研究發表於《性研究期刊》（*The Journal of Sex Research*），該研究廣泛探討了隨意性行為對心理健康的影響。結果發現，隨意性行為與憂鬱之間存在關聯，這在男性和女性身上都很明顯。此外，它還導致更大的孤立感、高度焦慮，且更難以建立真誠的關係。我承認，當我讀到這項研究的結論時，我並不感到驚訝，因為在我的診療中，我經常觀察到患者承認儘管擁有非常活躍的性生活，他們仍舊感到悲傷。

兩個面向：性與母性

青少女進入青春期時會感到脆弱，她的身體會發生變化，而依照她身體的變化情況，男人或多或少會注視她，她對周圍環境也多少有吸引力，並且其他女性會與她相比較。這可能是一個複雜的時期。渴望被喜歡和他人如何看待我們，在這個人生階段裡變得至關重要。作為女性，許多可能伴隨我們一生的不安全感就是在這個階段產生的。

在過去幾年中，在這個主題上對我最有啟發的書之一是義大利精神科醫生瑪莉歐莉娜・切里奧蒂（Mariolina Ceriotti）的《性愛與母性》（*Erotica & materna: Viaggio nell'universo femminile*）。我很幸運地在一次去馬德里的旅行中認識了她，我們共進晚餐，藉此機會針對女性世界進行了一次非常有趣且深入的對話。在這本書中，她討論了一個引人注目的概念，解釋了女性在性愛和感情世界中有兩個基本組成部分，但兩者並不總是互相連結的。一方面是性；另一方面則是母性。前者包括身體上的感受、渴望、自主能力、自我肯定，以及懂得享受自己的身體；後者則與照顧他人以及擁有比男性更大的同理心和敏感度有關，儘管不一定要成為母親。

我們都知道，女性幾乎總是負責聯繫、聚攏、接納和完善人際關係，男性普遍來說較少關心他們的關係。性與母性都是必要的，當它們幸福地融合在一起時，我們看到的是一位完整且煥然一新的女性，但有時它們似乎是相互對立或矛盾的。

要實現性愛與母性的融合，就必須擁有健康的童年和青春期。這種和諧的背景是相互矛盾的，所以女性在一生中可能會有一段時間專注於性愛層面，而在其他時刻則以母性的概念為主。

有很長一段時間，性的愉悅是不被允許的。女性對丈夫有義務，她是生命的給予者，而性高潮即使達到了，往往更像是意外或驚喜，而不是有意識和追求的事情。如今，在這個深受色情產業和情慾影響的社會中，性方面可能發展得過於突出，而使人忽視並混淆了母性的部分。我喜歡引導和幫助女性理解這兩個方面在她們生活中是如何發展的。

TikTok、身體與女性

現代的環境越來越重視個人形象，小女孩也深受這股風氣影響。當我們看到童裝店裡的時尚服飾時，會察覺到其中有些具有誘惑感的設計並不適合小女孩。

作為情感專家，我們清楚認識到，跳過成長階段會阻礙健康情感的發展。我想到TikTok的現象。幾年前，TikTok應用程式剛推出幾週後，我遇到了一個有趣的小插曲。我正在超市裡排隊，一個大約八歲的女孩在她母親結帳時擺動著手臂和身體。我當時以為她可能有一些神經問題，就像醫學上所稱的運動異常。幾天後，當我拜訪一位好朋友時，她的女兒也在門口做了類似的動作。我好奇地問她是否無恙，她告訴我她是在跳TikTok上的舞蹈。於是我開始深入了解這個現象。

令我感到震驚的並不是影片裡的內容——我是喜歡跳舞的——而是小女孩和青春期前的女孩在鏡頭前大膽起舞的現象變得越來越普遍。

在一次去哥倫比亞的旅行中，我在一所學校裡聽到十二歲左右的女孩們唱一些當時流行的雷鬼動[1]音樂，我對此感到擔憂，因為這些歌曲貶低了女性在性行為中的地位。這種音樂使用簡單易記的押韻，她們重複唱著而未察覺歌詞的意思。這些歌曲充滿了情慾、性愛和攻擊性的詞彙，歌曲中宣揚性行為，有時甚至在非常年幼的女孩中傳播，我認為這會帶來巨大的風險。

這些歌詞中描述的性偏重於生殖器的性行為，缺乏愛的成分，而僅僅追求純粹的快感和私慾。歌曲伴隨的舞蹈動作也是個問題，女性被貶低為性玩物。我建議你可以去查找一些歌詞，便能理解我在說什麼。

二〇〇九年，匹茲堡大學對七百多名年齡介於十三至十八歲的青少年進行了一項研究，詢問他們的性生活情況。研究結果發表於《美國預防醫學雜誌》（*Journal of Preventive Medicine*）。研究發現，那些喜歡高度性暗示的歌詞和舞蹈的青少年更有可能在較早的年齡就發生性關係。

在我看來，這些數據非常重要，這能讓大眾意識到這種類型的內容並試圖遏制它，對兒童和青少年來說是一種保護，尤其對女性更是如此，能讓她們成為完整的人，既有情慾的一面，也有母性的一面。

Tinder 現象

憑自己的圖片被別人選擇會引起很多焦慮，你必須透過照片來吸引對方。在 Tinder

上，性愛、外貌和色情文化被強化了。你被其他人選擇配對的次數以及在這個應用程式上取得的成功，成為你自信的基礎。

我們必須小心不要將Tinder當作自動提供情感的裝置。就像一台吃角子老虎機，你一直在尋求他人的認可。這種即時的滿足和多巴胺的爆發，久而久之會帶來巨大的悲傷和空虛。這種機制非常類似於毒品，這也是人們會上癮並且每天都需要自尊刺激的原因。

梅賽德斯（Mercedes）的案例

梅賽德斯，三十二歲，剛與男友分手，她的朋友希梅娜（Jimena）推薦她下載Tinder。

「起初我很抗拒，但後來我玩得很開心。每天都有人留言給我，雖然很多人我並不喜歡，但這些留言讓我感覺良好。我不敢跟任何人約會，但最近我接受了一個約會，我們一起共進晚餐。我非常緊張，儘管我試圖表現得正常。整個晚上，我一直在用友善、幽默和愉快的對話跟對方交流。我的朋友希梅娜給了我一些建議，好讓第一次見面能順利進行。晚餐結束後，我們一起走路回家，然後發生了關係。隔天早上他很早就離開了，因為他要去上班。之後我再也沒有收到他的消息。我一遍又一遍地回顧那個晚上發生的一切，想知道我可能是哪裡做錯了。與此同時，Tinder上仍然有人給我留言。明天我還有一個約會，要跟另一個男生一

> 起吃飯，但我很沒有安全感。」

幾週後，我又見到梅賽德斯。她告訴我她又和另一個男人約會了，感覺還不錯。吃完午飯後，這個男人陪她去上班，然後約她改天一起吃晚餐。然而，他仍然沒有回覆她。梅賽德斯感到困惑，她不知道自己做錯了什麼。

梅賽德斯就是網路約會的其中一個例子。像Tinder這樣的應用程式影響著我們的性格、人際關係、自尊和情緒狀態——根據數據顯示，人們平均每天使用Tinder十一次。使用這些應用程式的用戶最終會根據這些平台顯示的內容來形成對自己的評價。

梅賽德斯正在經歷這些應用程式的另一個嚴重問題，即所謂的「人間蒸發」或「搞失蹤」。這些人在約會或交談一段時間後就突然消失。很多人認為這是一種好處——「這樣可以避免解釋」——但這也表現出情商和同理心的嚴重不足。這意味著你無法設身處地為人著想，無法看到這種行為會造成極大的不安和悲傷。對某人說「不」從來不是一件好事，但一走了之則是怯懦的表現。你傳訊息，卻得不到對方的回應，這就是一種拒絕的行為，而我們已經知道，被拒絕的感覺——社交痛苦——會活化大腦中與身體痛苦相同的區域。因此，長期暴露於這種行為中可能會影響我們的情緒和自尊心。

我一直想和Tinder的創始人或執行長交談。我會建議他們不要讓一個使用者同時進行三段對話。為什麼呢？因為人的大腦總是想著可能會有更好的選擇，因此而不去認真維繫網路上進行的對話。專注、深入並冷靜地交談，才有可能真正認識一個特別的人。如果你有成千上萬的選擇並且不斷開啟聊天模式，你很少會專注在某個人身上，因為你的大腦會要求你追求更多刺激和新奇的人事物。

別忘記，你的渴望和期望與Tinder對你的渴望和期望相對立。你希望找到一個伴侶，而他們希望你找不到，好讓你不斷再嘗試。

如果你使用交友軟體，請在有充分了解與知識的狀況下使用。如果了解它們的運作方式，你就不會那麼容易受傷，也許你會成為那一小部分能在那裡找到真愛的人。

愛情演算法

去年我讀了法國記者茱蒂絲・杜波塔（Judith Duportail）的一本書《愛情演算法》（*L'Amour sous algorithme*），在那之前我在《衛報》（*The Guardian*）上讀過她的一篇文章，標題是《我向Tinder索取我的個人資料，他們給了我八百頁的深藏祕密》。這本書講述了她如何沉迷於這個應用程式，以了解它的運作方式，並探討Tinder與自尊和焦慮的關係。

多年前，我在單身時參加了一位好友的婚禮。在舞會上，新娘的母親走近我，告訴我不要擔心，愛情很快會來臨。我認為這樣的觀念對我造成很大的傷害。找不到人生伴侶似乎被判定為孤獨和挫敗。我誠心相信，我們都是為了愛與被愛而存在的，但在這個充滿激情（無論是好是壞）和數位化的二十一世紀，找到穩定的伴侶並沒有那麼簡單。媒體給我們帶來的壓力、無法停下來珍惜現實生活、許多膚淺的關係，以及對社交媒體的絕對依賴，這些都使我們陷入一個巨大的空虛中。渴望被愛是合理的，但學會在沒有伴侶的情況下快樂生活是一項重要的任務，這可以讓我們在未來發現生活中其他美妙之處。在這種情況下，我建議從事志願服務、旅行和體驗文化，這會充實我們的心靈和思想！

女性內心的「錄音機」

作為成年人，我們是內在聲音——亦即我們的「內心錄音機」——的產物。從童年時期開始，內在聲音就不斷影響著我們的生活。這個內在聲音至關重要，它將影響我們日後成為什麼樣的人、什麼樣的母親，或是什麼樣的家庭主婦或專業人士。說到這裡，為了理解女性的「內心錄音機」，我想強調幾個問題。

許多女性都有某些身體或心理上的情結。根據國際整形外科醫師協會的數據，二〇一九年全球進行了兩千四百萬次的整形手術。自疫情爆發以來，肉毒桿菌注射劑的使用急劇增加，手術成了家常便飯。在某些國家，女孩滿十六歲就可以接受整形手術；在其他國家，年輕女性會存錢改變自己身體上不滿意的地方。我們對自己非常嚴格。

有些女性很自卑，與其他女性相處上有問題，與男性相處也有困難。這些故事中，往往會包含痛苦的母親，她可能因為從未健康地接受自己身為母親的角色而感到痛苦——可能因為自己的身體改變了、放棄了職業生涯發展、失去了外貌的吸引力等——或者可能是即使接受成為母親的角色，身邊的男性也未能尊重和善待她。因此，對於一個處於童年和青春期的女孩來說，重要的是生活在這樣的環境中：她的母親覺得（女兒也覺得）她對自己作為母親的事實感到滿意，對自己也感到很自在。

如果女孩認為她父母親的關係是特別的，父親既重視母親的性方面（他被妻子吸引），也重視母親的母性方面（她是孩子們的母親，懂得照顧家庭並身為家庭的中心），那麼女孩的情感發展將有一個堅實的基礎。

這些過程是複雜的，每個家庭、每對夫婦、每個故事都是獨特的，並且有其細微之處。這些是基本原則，但也有例外情況最終能運作得很好並形成安全依附。即使是在經歷愛情失敗後重新開始生活的人，新關係的穩定性也能為孩子們提供所需的平衡，使他們在成年後擁有良好的情緒管理。

第一次性經驗

一般而言，開始正式性關係的年齡約在十六歲左右。有些情況是十二歲，而有些則在二十多歲。通常在第一次發生性關係時，人們會感到緊張、焦慮、興奮、充滿期待和恐懼，以及往往懷抱著過於不切實際的期望，尤其在雙方的經驗不足時。

瑪格莉塔(Margarita)的案例

瑪格莉塔從未享受過性愛，不僅如此，她表示她不喜歡性行為。她年輕、熱情、聰明、富有創造力、熱愛運動，對自己的身體也感到滿意，但自從她在學生時代開始有性關係以來，性這件事就成了她的障礙。

「這幾年我變得有點疏離，我不知道具體是從什麼時候開始的，但我在青春期時就改變了。我不想讓人擁抱或觸碰。對我的孩子們，我會稍微親密一點，但你不會看到我親吻父母或朋友。我會以其他方式來關心他們，向他們表達我的愛。」

在我逐漸深入了解她的人生和與父母、兄弟姊妹的關係後，我們談到了她的第一位男友。

「我還記得他，他叫李卡多，是學校裡的帥哥。大家都喜歡他，但他選擇跟我交往。我的第一次是跟他。」

當我詢問她關於那一刻的回憶時，她不知所措地看著我。

「很有趣，」她說，「我試過很多次要回想細節，但我的記憶一片空白。我知道我們是在他家的夏季燒烤聚會上，他帶我到客廳，接下來我記得的是我在浴室用大量的肥皂沖澡。我也知道我們在其他場合也在一起。奇怪的是，我卻無法回想起我跟交過的三個男朋友當中的任何一個發生性行為的具體畫面。」

這些明確抹去記憶的人，通常是在保護自己免於受到某種攻擊或傷害。針對瑪格莉塔能夠回憶起的少數片段，我為她進行了EMDR治療，將其與她跟丈夫的親密時刻連結起來。在腦海中回想起李卡多的臉時，她開始出現心跳加速和出汗的症狀。幾分鐘過後，她記起對方曾試圖脫掉她的衣服，儘管她當時說過她還不確定，也表明過想再等一等，但最終他仍說服了她。

瑪格莉塔無法想像她的問題源於那時，儘管經歷漫長而謹慎的過程，但她正在改善與丈夫的性關係。今天她能夠享受並將這些時刻轉化為令她自己愉悅的事情。

許多性功能障礙和失調都源於過早的性經驗，其中痛苦和身體不適比愉悅來得更多，這可能會持續影響成年人的親密生活。

如果第一次的性經驗有負面或痛苦的成分，這可能會影響以後的性關係。

第一次的性經驗在我們的身體、心靈和思想中留下烙印。如果它是愉快的，接下來的性經驗都會變得更容易，問題在於它是否留下創傷、帶來痛苦或令人尷尬。這並不表示對所有人都會產生相同的影響。這種經驗在每個人身上留下的痕跡不盡相同，因為它取決於很多情況，但有相當多的研究顯示，與性的第一次接觸，對我們造成的影響比我們原本所想的更加深刻。

在《性醫學期刊》（*The Journal Sexual of Medicine*）上有幾篇相關的文章。關於這方面的主題幾乎都被研究團隊分析過了。紐西蘭奧塔哥大學醫學院的心理學系提供了一些非常有趣的觀點：如果初次性經驗是負面或痛苦的，將會對未來的性關係產生影響。研究結果顯示，這不僅僅與年齡有關（當然年齡會產生影響），還與其他更具有決定性的因素有關。這些因素涉及到當時的經歷：是否感到被強迫、有無外在壓力、是否使用了藥物或酒精、是否感到不安全或被利用、是否對於某件事情感到內疚，同時也涉及當時的情境或期望。

期望是關鍵

現代年輕人看過太多成人片，而且在這種情況下，他們的疑惑和煩惱也能在網路上得到解答，以致第一次的性經驗幾乎不可能達到預期。失望可能轉變成挫折，也可能變成創傷，長期下來可能會導致心理上的封閉或產生焦慮。

同儕壓力

曾經有個男生告訴我，他加入Tinder是為了找一個女孩上床，這樣他就不再是朋友圈裡唯一的處男。小心這些從未有過性經驗的人，他們會因為覺得自己被看不起而給自己施加壓力。在這種情況下，我建議謹慎行事。因為為了取悅別人而強迫自己，意味著我們在為了別人的看法而行動，而這從來就不是最好的動機。

以消極方式經歷第一次性經驗的人，將來可能會發展出不安全感和焦慮。我曾多次在諮商中看到我們所稱的心理性功能障礙是不良的經歷引起的——包括陽痿、早洩或陰道痙攣等。男性受到壓力，如果沒達到自己設定的目標，可能會感到羞愧，並影響他們的自尊心。

康乃爾大學的莎朗．賽斯勒（Sharon Sassler）博士進行了一項研究，調查了六百對情侶的性關係起始時間。數據顯示，其中三分之一的情侶在交往的第一個月就開始了性生活。結果顯示，那些在第一次約會或頭幾週就開始性關係的情侶，在長期的感情關係中品質較低，分手率也較高。研究還指出，對許多女性來說，早期的性行為被視為承諾的象徵，而男性則有不同的理解。

對戀愛關係做好準備意味著了解人性、對男性和女性身體的認識，並牽涉到了解人們的期望和我們期待的感受，或了解我們想要克服的恐懼。但同時，也需要擁有一定的自尊和內在平衡。在性愛世界踏出第一步時，邏輯上的缺乏經驗往往伴隨著長期的創傷。

在和你的伴侶進行第一次性行為時，我通常會倡導三個重要的觀念[2]：

- 讓它發生在愛裡。與你真正愛的人和愛你的人在一起，而不只是一個對你的身體有興趣，或只想要獲得片刻快感的人。否則，你可能會感覺自己被對方利用了。
- 不要飲酒或用藥過量。這些物質會抑制我們的感覺並改變性行為中的愉悅感。它們會讓這個行為變得模糊和貶值，並使我們無法清楚地回憶起這些十分私密的時刻。
- 保持合理的期待。「第一次性行為被過度高估了。」這是我多年來聽到許多人說的話。性關係的圓滿需要了解對方與自己（男性和女性的性需求是非常不同的），並找到所需的化學反應和默契，這得仰賴經驗和時間，最終還需要同理心。

色情片

在疫情期間，全球最大的色情片平台Pornhub「貼心地」將其付費內容贈送給所有訂閱者，平台的消費量飆升，而父母、醫生、兒科醫生、教育工作者、心理學家和精神科醫生都擔憂這對社會的許多領域會造成問題。

瑪麗莎(Marisa)的案例

一個夏天的早晨，瑪麗莎來到我的診所。我記得是夏天，是因為她當時穿著大衣：

「我待會兒還要錄影，不知道要在這裡待多久，所以我寧願把自己包得緊一點。」她對我說。

她的眼神很有穿透力，但透露出一絲憂鬱和哀愁。

「我在色情片產業工作，拍攝時間很長。有一天，一次拍攝結束後，我躺在床上，有了自殺的念頭。我淚流滿面，不知道該打電話給誰。我的製作人對我很滿意，因為我取悅了大眾。」

在認識她父親之前，她的母親在一個約會網站工作，母親曾試著說服她不要進入這個行業，但瑪麗莎一直很清楚自己的想法。

「我不擅長數字，也不擅長學習，但我的身材很受歡迎，我的工作對我沒有害處。」

瑪麗莎正處於職業生涯的大好時光，由於疫情的緣故，她的用戶和觀看次數都增加了，因此也獲得更多收入，但她卻不再自我感覺良好。

色情片和性交易觸及到我的敏感神經。我對這個世界非常熟悉，也知道它對於參與其中的人和觀看的人可能帶來的煩惱、遭遇和悲傷。螢幕的另一端有數以百萬計的使用者，他們花費數小時在螢幕前觀看這些場景，體驗多巴胺的高潮。

「你一週看多少色情片？」我經常問我的病人這個問題。我知道對許多人來說這是日常生活的一部分，我希望能幫助他們了解觀看色情片會如何影響他們的性生活、個人生活、認知和伴侶關係。

不久前，我在全國兒科大會上發表演講，開始前醫生們就討論了這個議題。大量觀看色情片可能會改變大腦的結構和功能，其結果是眾所周知的：你可能會成癮。成癮者通常在感到空虛、悲傷、孤獨或無聊時開始觀看影片，試圖用能帶來即時滿足感的事物來填補空虛，而色情片就提供了這種滿足感。因此，線上的性行為與毒品之間有著非常相似的作用方式。

多巴胺分泌到非正常的高水平會改變獎勵系統，導致我們在現實生活中更難感到愉悅。這就是許多觀看色情片的人在與伴侶發生性行為時會出現性功能障礙的原因：在勃起方面出現問題的人當中，有將近半數當他們再次增加色情片的觀看量時，「問題」就會消失。

另一方面，觀看色情片會阻礙前額葉皮質的功能，也有研究發現它會逐漸導致前額葉皮質萎縮。這會影響學習、記憶和專注力，這些能力都會因觀看色情片而受到損害。

《綜合精神醫學檔案》（*Archives of General Psychiatry*）期刊的一項研究指出，過量的色情片會損害大腦的獎勵中心。多巴胺越多，我們對消費的需求就越高。人們對消費的產品產生耐受性，因此影片內容就必須越來越具攻擊性、暴力或露骨。研究顯示，對色情片和酒精的成癮會活化大腦裡同一個區域：紋狀體。如果這種消費持續一段時間，尾核及基底核的尺寸就會縮小。

長期下來，色情片會導致憂鬱和勃起功能障礙。

在各個領域都尋求尊重女性的這個時代裡，我認為色情片的世界是一種貶損。色情片的內容充滿了暴力性行為的場景。**社會上鼓勵什麼，它就輕視什麼**。在過去幾年中，我們目睹了年輕男子虐待女孩的嚴重事件。有這些行為的人通常承認自己經常觀看色情片。加州大學的馬可・雅各伯尼（Marco Iacoboni）教授擔憂地表示，色情片是導致當今年輕人展現出許多侵略行為的基礎。這究竟是怎麼一回事？鏡像神經元被活化，個體傾向於重複見過的事情。

我堅信我們必須在生活中各個方面促進適當且平衡的文化，而其中當然包括健康的性教育。我們必須避免引入有害的概念和扭曲的影像，並且應該對數位媒體中的性內容，特別是具有攻擊性的內容加以規範。解釋和宣揚性的好處，同時警示色情片帶來的有害影響。

我們必須建立一個社會，讓色情片不再成為眾人的消費品。這將有助於恢復許多伴侶關係的健康，因為在世界上許多地方，色情片已經成為伴侶分開的原因。在美國，近乎一半的離婚是因為色情片導致的。別忘了，它提供一個不真實、充滿幻想和烏托邦式的性愛形象。年輕人因此受騙，認為自己會感受、體驗與經歷與螢幕上所看到的類似過程。看過色情片後，控制我們反思能力和抑制衝動的前額葉皮質會受損並弱化。我們會變得更加原始，更容易用本能行動，並對異性產生一種危險的傾向，這種傾向將對象過於簡單化和物化，從而使我們疏遠現實生活中原本親近的人。

色情片扭曲了現實，讓觀看者相信現實生活中極不可能發生的情況。它傳達了女性總是渴望性愛，而且在許多情況下女性等同於狂野性愛的這種觀念。它混淆了觀眾的視聽，讓他們不知道女性的運作方式、性興奮的時間和女性實際喜歡的事物。

那麼女性呢？女性的觀看次數也大幅增加了。許多女孩承認她們看色情片是因為喜歡，但更大的原因是色情片讓她們知道如何取悅男人。她們學會擺姿勢、做動作和勾引男人。她們有一種無法抑制的渴望，希望自己成為各方面的專家！

在我協助瑪麗莎的那段時間裡，她經常關心地問起那些我正在治療的有成癮問題的年輕人。我告訴她這些上癮者當中常見的情況（有些上癮程度較嚴重，有些則較輕微），以及這件事對他們的大腦和行為所帶來的後果。她主動提出願意與其中一些人交談，如果他們也願意的話。於是，有一天，我把她介紹給了卡洛斯（Carlos），一位因沉迷於色情片，而在二十歲時從大學輟學的患者。他失去了女友和朋友，最後來到我的診間接受治療。認識了瑪麗莎，在現實生活中見到出現在螢幕裡從事網路性愛的女人並聽到她的故事，這對他來說是一個轉捩點。色情片或性產業背後，有那麼多真實的人們面臨悲傷和破碎的生活，這深深震撼了我。同時，我也為那些觀看色情片和嫖妓的人所遭受的可怕影響而感到痛心。總的來說，這是一個無法無天的黑暗世界，宛如一座殘酷叢林，從中獲利的人對於他們造成用戶憂鬱、成癮和破碎的生活沒有絲毫的同情。

性愛是美妙的，但如果走錯了方向，它就會像迴力標一樣反彈回來打你，也可能會摧毀你。那倘若愉悅、性愛、愛情這三者結合在一起呢？我們能讓這種情況發生嗎？當然可以。在這裡，我們進入了迷人的愛情世界。

1 譯註：雷鬼動（Reggaeton）是一種源自波多黎各的音樂類型，融合了牙買加的雷鬼音樂與拉丁美洲的嘻哈、電音元素，節奏十分強烈，為加勒比海地區廣受歡迎的流行音樂類型之一。

2 作者註：我的出發點是，每個人都有來自家庭、社會、文化和宗教的價值觀和信念，無論你的意識形態是什麼，這是我對你人生第一次性行為或與現在伴侶的第一次性行為的三點建議。

15 我們來談談愛吧

愛情、激情、吸引、慾望、浪漫是兩人關係的不同階段和時刻，而在這些時刻裡會產生特殊的情感、肉體或伴侶連結。在接下來的內容中，我想從多個角度探討這個問題。我們是否能找到對的另一半？愛情是否是盲目的？墜入愛河時，你的大腦和身體產生了什麼變化？

關於愛情有許多理論，我在過去幾年間閱讀並研究了這個主題。我將基於各方面專家和作家針對這個問題所提出的見解，來向你闡述我的觀點。

一見鍾情是否存在？

我們都聽過一見鍾情的說法，也許是因為我們親身經歷過，或是認識的人有這樣的經驗，又或者有人曾向我們述說過。一見鍾情就是在一瞬間感覺到被另一個人深深吸引，幾秒鐘或幾分鐘內我們注意到這種感覺可能演變成更深厚、穩固、熱情且對我們的生活很重要的關係，進而與對方產生一種強烈的連結感。

弗藍（Fran）和碧拉（Pilar）的案例

弗藍和碧拉在他們兩人都十七歲時在一個共同朋友的婚禮上相遇，弗藍瘋狂地「愛上」了碧拉，他在婚禮上走向她的父親，說：「我會和你的女兒結婚的。」他向女方父親保證。

他們一起跳舞，一起笑著，彼此交換祕密，然後過了很長一段時間再也沒有見過對方。

他們各自走上不同的道路，弗藍前往美國求學，但他並沒有忘記那晚遇到的女孩。他們沒有交換電話號碼，WhatsApp也還不存在（是的，雖然這聽起來不可思議，但在不久前這個應用程式的確尚未問世），他們沒有再聯絡上彼此。

八年後，他們在巴黎的一場派對上再次相遇。弗藍簡直無法相信碧拉竟然會在那裡，而且她沒有男朋友！他走向她，對她說：「我希望你打一通電話給你爸爸，問問他我們初次相遇時我對他說了什麼。」

碧拉感到困惑，但她還是照做了。

「爸爸，現在我旁邊是多年前在朋友婚禮上你見過的男孩，他叫弗藍。他說他跟你談過話，你還記得嗎？」
「是的，他告訴我他會跟你結婚。」父親在另一頭回答道。

一見鍾情通常是一種基於外貌的「愛」，因此通常發生在有魅力或長相好看的人身上，因為外貌因素占很大的比重，這可能是根據研究，一見鍾情發生在男性身上的頻率高於女性的原因。也許這歸因於男性通常更加視覺化——我們不要忘記我們談論的是一「見」鍾情，看見的那一眼是關鍵。我父親有一句話可能適用於這個主題：「一般來說，男人更容易因為視覺而愛上一個人，女人則會因為聽覺而愛上一個人。」任何以偏概全的說法都有其侷限，但大致上這個概念是能被理解的。有關這個問題的另一個有趣的研究結果是，與人們可能認為的不同，一見鍾情通常只有其中一方感覺到。

所謂的一見鍾情在很大程度上是關於視覺、眼神、吸引、渴望和激情，但卻較少涉及愛情。

愛情需要了解對方並建立一種連結，而該連結在最初的那一刻並不存在。那麼，這種一見鍾情從何而來？撇開外貌問題不談，此行為的關鍵在於童年和青少年時期。人類學家和生物學家海倫．費雪（Helen Fisher）是該領域的專家，她解釋道，我們從小時候開始就會建立一個「愛情地圖」——無意識和有意識地列出我們在伴侶身上尋找的東西——這個地圖再加上當時產生的吸引力，活化了浪漫愛情的迴路。

在最初的強烈火花之後，很少還會有關係進展順利的情況，但我有一些非常要好的朋友，他們就是這樣展開了美妙的愛情故事，所以我不能不與你分享。當然，我認識的那些一見鍾情的情侶也需要努力、付出和用心經營，才能使他們的關係保持良好。他們經歷了複雜和脆弱的情況，期間必須運用許多工具來加強他們的婚姻。

「愛情是盲目的」這句話有幾分道理？

我父親是一位愛情智者，他針對這個問題有一句名言：「愛情來臨時可能很盲目，但它離去時則非常清醒。」這句話背後的含意是什麼？當一個人墜入愛河時，大腦會發生非常有趣的變化。其中一個變化——也是我認為的關鍵之一——是前額葉皮質被關閉，這個區域掌管專注力、注意力、規劃力和判斷能力。人們會說：「他（她）已經失去理智。」我們變得更難判斷什麼適合自己，也很難察覺和分析關係可能會面臨的風險。

杏仁核——負責恐懼的區域——也會失去力量，警戒狀態下降，也就是說，我們對危險的感知會降低。當我們愛上一個人時，幾乎什麼事都願意做！因此，當我們墜入愛河時會忽略一些事情，比如「兩人相差二十歲」、「對方居住在另一個國家」、「對方已婚」、「對方正在辦理混亂的離婚手續」、「對方失業」、「對方與母親同住」等，或者其他你認為非常重要的事情，都可能會被拋在腦後，你會專注於對你有吸引力的方面——「對方多麼迷人」、「多麼有趣」、「多麼溫柔」、「多麼風趣」。

這點至關重要。海倫・費雪清楚地解釋了這樣的火花、吸引力和戀愛的時刻通常平均維持十七個月。

愛情專家（我支持他們的立場）建議讓這段關係在最初的一年半內先緩一緩，之後再做出決定，不要在認識不久後就結婚或同居。請等待，讓你的前額葉皮質恢復正常功能後，你才能更準確、更明智地決定在關係中要採取哪些步驟。

小心別操之過急！

如前文所述，一見鍾情會加速一段關係的發展。熱情的人傾向於迅速做出決定後就投入其中。我通常建議一對情侶在交往初期要謹慎行事，不要急著走過每一個過程，因為有時候這可能會讓我們吃虧。操之過急意味著在認識不久後就同居、提前舉行婚禮、在不確定是否要邁出這一步的情況下發生性關係等。別忘了，找到合適的對象與一個人的成熟程度息息相關，成熟者的特徵之一就是會正確地運用生命裡的重要階段。

在此提供一個建議：面對疑惑時，要放慢腳步。激情、火花和戀愛有時會導致我們做出不理智的決定、出現衝動的行為和投入氾濫的感情。功能被關閉的前額葉皮質會使得我們無法分析情況。在熱戀過後，有時人們會發現，雖然有很多慾望和吸引力，但卻缺乏維持一段關係和健康共處所需的真愛和默契。當這種化學反應的階段消失後，我們意識到有時價值觀和愛情基礎可能並不如我們想像的那麼穩固。

回想一段戀情的開始，我們可能事後會覺得自己操之過急了，因為對方的吸引力太過強烈，或者當時我們正試著忘記另一人，甚至是因為害怕孤獨所致。當我們行動得太快時，心裡幾乎像是走火入魔似的，無時無刻不想著對方。

愛塔娜（Aitana）的案例

愛塔娜是個理智的人，但她卻瘋狂愛上了一個在網路上認識的男孩。

「我為愛瘋狂。我們從那時起幾乎天天見面。我們已經談到有關孩子的事情，我終於感覺到非常特別的感情。」她幾個月前激動地告訴我這件事。

我很擔心，當我以最溫柔的方式嘗試提醒她，在這件事當中保持謹慎為佳，她並沒有聽進去。

「別潑我冷水，終於有人來到我的身邊，我想以最大的熱情感受這一切。他提議我們一起住，這樣就不用付房租，我覺得我會答應他。我知道我們進展很快，但我們想彌補以前失去的時間。」她說。

當你讀到愛塔娜的案例時，你可能會回憶起自己生活中曾經發生過類似的情況，或是你身邊的某個人也經歷過相似的情況，同時你也記得最終的結果並不理想。大部分這種強烈而熱情的開始最終都會以令人痛苦的現實收場。當然，也有一些以此方式開始的關係最終會走向美好，但很多時候它們會帶來痛苦。原因在於，如我之前所說，在那些極度興奮的時刻，我們忽略了為一段關係打下良好基礎的基本問題，這讓我們無法深入了解對方，也無法與對方談論重要的事情。

誠如我所提過的，開始一段關係需要耐性和謹慎的態度。在一個快節奏、追求即時滿足、沉迷於情感體驗的世界中，放慢腳步似乎是一個逆流而行的做法，但卻是非常必要的。這也是「慢活運動」（slow movement）的提倡者所倡導的方式，他們也把愛情這個方面列入，稱之為「慢慢愛」（slow love），他們不僅主張要把事情做得更慢，還要學會以更深思熟慮的方式生活，避免壓力和情感混亂，如此才能享受那些特別時刻的初期階段。

根據大腦迴路區分的愛情

海倫．費雪在愛情的問題上，從科學的角度區分出三種不同類型的愛情，每一種都與不同的大腦迴路相關。她提到了：

一．**性慾**

這是最生理和衝動的迴路，身體會在這裡尋找各種不同的伴侶。

二．**浪漫愛情**

在這裡，你的心智只允許你專注於一個人。你會產生占有慾——他／她是我的——你也會變得偏執，頭腦無法停止思考那個人。

這種大腦迴路是原始的，會產生多巴胺，活化快樂和成癮的荷爾蒙——伏隔核。這是我們在詩歌、歌曲和電影中熟悉的愛情。這種戀愛讓你覺得你所認識的人是世界上最完美的。沒有人能與之相比，你是個幸運兒，因為你找到了真愛。

三．**依附**

海倫．費雪將這個階段描述為你決定與伴侶在一起照顧孩子的階段，我稱之為穩固的伴侶。這是熱情稍稍減退的時刻，但是親情與日俱增。你們學會按照自己的意願共同生活，努力創造一個友善、有價值觀和情感的家庭。

很多人在這個階段感到驚慌，因為他們不再有相同的感覺。確實，從生化角度看來，多巴胺的水平會降低。這是催產素分泌的時刻，是安頓、成長和鞏固已建立的家庭時刻。

當我們墜入愛河時，大腦會產生什麼變化？

當我們墜入愛河時，一切都變得與眾不同。周遭的事物變得更美好了，世界也變得更友善，歌曲會讓我們想起那個特別的人。我們想跳躍、跳舞，整天笑臉迎人。談戀愛時，我們的身體會產生腦內啡，對痛苦和悲傷的感知程度會減輕，任何時刻都是值得享受的。我們的食慾下降，睡眠時間減少，但我們都能忍受。我們的情緒比平常更加強烈，微小的刺激也能引發喜悅。

每個人在生活中對愛的感受都是不同的。

當我們墜入愛河時，有四種荷爾蒙會變得活躍：

一．催產素

它負責增加想要擁抱和觸摸對方的渴望，它也幫助我們無條件地信任對方，想像未來共度一生。而且不僅如此，它還強化了連結和愛意。

二．腎上腺素

它負責引起心搏過速、胃部攣縮並降低食慾，這會讓我們專注於對方，也就是眾所周知的「眼裡只有他／她」。

三．多巴胺

它是令人愉悅的荷爾蒙，負責獎勵迴路，並與成癮有關。在談戀愛時，特別是在激烈地墜入愛河時，體內會大量釋放多巴胺。這就是為什麼在戀愛的階段，我們會一次又一次地想要感受並見到那個人，重複這種愉悅的體驗。在某種程度上，我們會沉迷於與對方親近的感覺。多巴胺有助於記住那些最初時刻最微小的細節。

如果你回憶起一段關係的開始，你可能會驚訝地想起那些奇怪而微不足道的細節。多巴胺在關係初期的作用非常強烈，用來鞏固正在形成的感情。如果在最初的幾個星期內我們沒有感受到這種愉悅，那麼這段關係很難順利發展。我們需要那種在開始時產生的「依戀感」，然後這種感覺會逐漸減少，讓位給我們所熟悉的催產素。如果我們的一生都在多巴胺的初始效應下，就會忽略生活中的其他方面，如飲食、工作或健康。

四・血清素

它是幸福的荷爾蒙，與食慾、旺盛的性慾以及無窮能量和享受的感覺密切相關。

除了荷爾蒙之外，還有其他因素嗎？

當然。荷爾蒙和生物學在戀愛的選擇中發揮重要作用，它們對戀人的行為產生影響，但並不是決定性的。

透過了解荷爾蒙的功能，我們可以理解許多戀愛中的症狀，因為荷爾蒙影響著我們，但不會指引我們或凌駕於我們之上。實際上，這種最初的荷爾蒙變化在幾個月後就會減少並趨於穩定，在這個時刻，感覺、意願和維持這份承諾的渴望才是使得關係能順利運作的關鍵。

充滿渴望、吸引力和化學反應的初期階段會轉向更穩定的關係，亦即浪漫的愛。此時我們感覺彼此彷彿相識了一輩子，並且有著非常親近和緊密的關係。

這個初期階段過後，許多人開始產生變化，並出現了「我不再有相同感受」的感覺。的確如此，我們的「荷爾蒙」感覺不再相同，我們的心理也在發生變化。一開始的興奮感消失了，我們的欲望、思想、行為和情緒都在尋找自己的位置。我們不僅尋求愛人的絕對幸福，也重新關注自己的優先事項。

愛情中最大的錯誤之一就是相信我們的感覺永遠不變。

當我們相信必須持續生活在幻想和興奮的狀態下時，我們可能會因為感受不到這種感覺而結束一段關係。這就是為什麼再婚後離婚的比例高於第一次婚姻，第三次婚姻的離婚率又繼續上升的原因。

基礎穩固時，關係會進入下一個階段，這個階段會帶來平靜和持續參與這段關係的渴望。這就是海倫·費雪所解釋的那種希望生活在穩固關係中的願望，建立連結並有意識地維護家庭。此時需要穩定秩序、意圖和紀律。如果不從心智和意願上照顧好這段關係，那麼關係就會破裂。

真正的愛出現在熱戀消失後，這時我們會意識到這段關係是否有未來。這些時刻非常重要，因為我們會注意到對方是否想為正逐漸穩固的關係而奮鬥。我們都希望找到一個這樣想的伴侶：「我會竭盡所能來維護我們之間的感情，如果感情變淡了，我會努力挽回它。」相較之下，在內心深處，沒有人願意和這樣的人在一起：「只要感覺還在，我就會愛你和關心你；但一旦關係變得緊張了，我們就分手吧。」這樣的人會讓人感到非常不安！

愛情不僅需要激情和強烈的情感，還需要穩定感和平靜。

要建立一個家庭和諧的穩固伴侶關係，就需要一個基本的支柱，一切都從這個支柱展開：選擇合適的伴侶。做錯這個選擇會讓我們終身受苦。多年來，我在與病人的治療過程中以及演講中都傳達了一個想法，現在與你分享。

如何選擇正確的伴侶？

當我在十年前進入精神醫學和心理學領域時，對於經歷感情危機的人數感到震驚。這些數據令人毛骨悚然，現在的數據依然如此，甚至更糟。在第一世界國家，每四分鐘就有一對伴侶分手。

我選了幾本有關愛情與人際關係的書[1]，它們都談到了婚姻或伴侶的關鍵。於是我開始思考幾個問題：如果問題出在選擇伴侶時犯了錯呢？為什麼我們會與那些並不適合我們的人在一起？我們能學會如何「正確地」選擇伴侶嗎？

選擇伴侶的方式有很多。大多數人根據自己的生活經歷、內心聲音、與父母的關係、一生中曾有過的伴侶等，逐漸建立自己對理想伴侶的心理模型。這個無意識的心理藍圖有時並不一定是最適合我們的，但它是我們生活歷程的結果，因此當我們在現實生活中遇到符合這個藍圖的人時，就會產生愛的火花。

雖然很多人認為情感選擇（我強調，我們談論的是那些希望找到穩定且長久關係的伴侶，並與之一起規劃未來的人）不是一個重要的議題，但實際上它至關重要，選擇得當就能決定未來。心理學家梅格·傑（Meg Jay）在她的著作《20世代，你的人生是不是卡住了》（*The Defining Decade*）中解釋道，錯誤的選擇會影響我們的一生，因為我們將與我們選擇的那個人一起做出一些決定，這些決定將以非常重要的方式影響我們的生活：居住地、金錢的管理方式、孩子的教育方式等等，而如果這段關係破裂，我們在未來的許多年當中仍然會面臨衍生出來的各種問題，尤其如果有涉及到孩子的話。

有些人不知道如何做出選擇，在決定時犯了錯——「我總是愛錯人，是我出了什麼問題嗎？」、「是我有問題嗎？」。有時，人們會在最意想不到的情況下邂逅愛情。有時，我們則會積極地尋找愛情，明確地知道自己想要什麼，並努力實現目標。在觀察了數以百計的感情關係之後，我總結出所謂的「金字塔理論」。

1 作者註：在書末我會推薦一些有關伴侶問題的書籍，這些書很容易閱讀和理解。

16 好好選擇是成功之道

這一章在很多方面都會對你有幫助。或許你已經有了另一半，你想了解自己是如何墜入愛河的；也許你在愛情方面運氣不好，正在尋找一些能夠幫助你的「策略」；又或者你已為人父母，想要與你年幼或正值青少年時期的子女們討論愛情關係。無論你的情況如何，我相信這些內容能為你提供指引、啟發或引起你的興趣。

沒有什麼比失戀和感情危機更令人沮喪的了。說「我愛你」意味著永遠在一起，而當「永遠」破碎時，我們的內心就會斷裂。這種不確定性排除了那些只純粹追求性愛歡愉的短暫關係，因為這不屬於愛的範疇。

任何一對情侶都會因為各種原因經歷困難時刻，例如：其中一方對另一方感到厭倦、交往過程中出現其他人、感情起伏不定、無法承受某些壓力、對方家人介入、對子女的教育存在分歧、出現經濟問題或疾病等等。擁有合適的伴侶是克服不利情況的保證。選擇伴侶意味著在生活的重要方面上，包括生理、心理、意識形態、社交和文化等，有意識地挑選一個特定或相近的特質。清楚地知道我們在尋找什麼，能讓我們不成為任何火花或摩擦的奴隸。

在此，我向你介紹「金字塔理論」。如果你在尋找合適的伴侶，而不是在尋找偶然的性愛或單純想找樂子，那麼你就會對此感興趣，尤其如果你希望選擇一個人來嘗試建立一個堅實而有條理的人生計劃，這將對你有所幫助。雖然未來的發展可能有好有壞，但我們的意圖是明確的。

藉由正確的選擇就能避免危機，若無法避免，這些危機也會很容易克服。

在我們開始之前，我將說明選擇的各個階段，它們將幫助我們進入金字塔理論。

選擇的四個階段

一．火花

有一種火花在你的心中萌生，你想更進一步了解那個人。你喜歡他／她的肢體語言、他／她的眼神、微笑和身材，還有他／她的談吐和風格。他／她身上的某樣東西驅使著你想要多與對方相處。對一個男人來說，很難在最初的幾次約會時就愛上在身體上並不吸引他的女人。女性則非常欣賞美好的對話或有趣的討論，雖然外貌也有一定的重要性，但對女人而言，外貌並不像對男性那樣重要。

我認識的很多女性都承認，當初她們第一次見到伴侶時對他們一點好感都沒有，但隨著時間過去，她們愛上了對方，現在甚至覺得他很有魅力！我也聽過很多男人的故事，講述他們一開始沒有被吸引，後來花了更長的時間才愛上對方[1]。

當你遇到一個人時，他／她的個性和吸引力（不一定按照這個順序）強大到可以啟動你愛上他／她的可能性，火花就產生了。

二．理智

這裡涉及到智慧。是的，如果在第一次約會或在初期階段就宣布永遠的愛、展示所有底牌或發生性關係，那麼這段關係可能無法持久。我不是說在這些情況下的關係一定會告吹，但失敗的機率可能要高得多。你的頭腦會變得混亂，不知道這個人是否真的適合你。

不要忘記，我們通常不會因為第一次約會的熱情、身體上的吸引和強烈情感的驅使下進入戀愛關係。在這些情感激昂的時刻很難讓人冷靜地思考。在大腦的前額葉皮質處於關閉狀態時，你很難辨別、分析和冷靜做出決定。擁有主宰自己決定的能力（我指的不是取消感情，而是引導感情）是在最初的熱情或火花出現後取得成功的有力關鍵。你需要運用理智。在我的演講和諮商中，或對我親近的人，我經常解釋理想的做法是問自己以下幾個問題：

- 對方是否適合我？
- 對方是否讓我成為更好的人？
- 對方是否符合我一直以來認為適合我的性格和人生觀？
- 對方是否符合我的標準？

最後一個問題非常重要，我將在接下來的內容中詳細解釋。前三個問題的答案必須是肯定的。如果在思考這些問題時發現自己不確定，或者明顯看到了一些不適合自己的地方，那麼最好不要繼續前進，這可能有各種原因：對方已婚、有子女、居住在他國、是會讓我們痛苦的人、已經訂婚、吸毒、風流、不想認真交往等等。

沒有比愛上錯誤的人更糟糕的事情了。如果我們理智上明知道不適合卻仍然堅持下去，情感上的傷害必然會發生，無論是以下哪種情況：最終鼓起勇氣結束關係後，它在我們心中留下痕跡，兩人都會因分手而痛苦；或者在面對未來的差異中，生活的衝突會使這段關係破裂。

在一段關係中產生的感情有時會深厚到即使明知道對方不合適，我們仍然正式確立了關係，但卻不知道如何終結。金字塔的關鍵在於這一步，我會在下一章中解釋。

三・墜入愛河

這裡涉及真正的愛，浪漫而純粹的愛。墜入愛河是一種渴望和吸引融合在一起的感覺，希望這種感覺永遠不會減少或消失。

有許多伴侶開始交往是因為他們認為彼此適合——「他／她適合我而且對我很好」。換句話說，他們沒有強烈的激情或深刻的愛，但有足夠多的因素讓他們繼續下去——「他／她很有價值」、「他／她很照顧我並且很有吸引力」、「我的父母喜歡他／她」、「他／她的家人都很棒」、「他／她是個在各方面都很出色的人」。

如果你並不是真的墜入愛河，我認為你不應該繼續和你的伴侶在一起。我知道這是一個艱難的決定，因為最近我陪伴很多人走過這個十字路口。分手的理由是什麼？若是你遇到了一個你愛上的人，那麼你可能無法，或者很難繼續與原本的伴侶在一起。而不結束這段關係的原因，可能是因為害怕孤獨與面對恐懼，或者害怕與對方談論這些事情。

伊莎貝爾（Isabel）的案例

伊莎貝爾在結婚五年後因丈夫不忠而離婚，她遭受了很大的傷害並陷入嚴重的憂鬱。她在一家科技公司擔任祕書，工作內容大部分都在線上進行，所以自從離婚後，她鮮少結交新朋友。

她在婚後搬了出來，離婚後的她感到非常孤單，因為她的家人住在另一座城市。她開始使用社交媒體來認識新朋友，有一天，她和一個在Tinder上傳訊息給她的人約會。對方叫做胡安（Juan），四十七歲，離過婚，是兩個青少年的父親。他們開始約會，一年後就開始同居。

當我遇到伊莎貝爾時，她是個三十七歲的女性，顯得黯淡無光、悲傷而缺乏熱情。我們談了很多關於胡安的事情。

「我愛他，但現在我們並不相愛。他在感情上有缺陷，對我並不細心關愛；然而，我害怕和他分手。我已經多次考慮過對我來說什麼是最不壞的選擇，是獨自一人還是和他在一起。雖然他有優點，但他不是我的真命天子。」

在伊莎貝爾的案例中，我所做的是與她一起努力，了解她的個性、生活歷程和因分手而受傷的部分，以增強她的自尊，讓她能夠在不那麼焦慮的情況下做出決定。在她準備好結束這段關係並能夠面對自己的恐懼之前，我們的座右銘之一是「學會在害怕的情況下獨處」。這是一個漫長的過程，但現在她感到更加自信也做好準備，一旦遇到適合她的伴侶，她就會做出正確的選擇。

加布里爾(Gabriel)的情況

加布里爾今年三十五歲，他在一場派對上認識了安琪拉（Angela），從一開始他就對她有好感了。而且，她恰好是他摯友的表妹。

安琪拉是一個勤勞、善良的女孩，閒暇時在一個基金會照顧病童。她喜歡打網球和旅行。

「我意識到她是一個值得交往的女人。她擁有我一直以來想要的特質，而且我對她的環境和家庭很瞭解。」他告訴我。「在派對過後的幾個星期，我們開始約會。我非常喜歡她，但我感覺似乎還缺少了些什麼。我也說不清楚。在其他情況下，我曾經墜入愛河，而安琪拉是我遇過最優秀的女孩，但我卻沒有感覺到應有的情感。有時我覺得應該結束這段關係，因為我缺少了「某種東西」，但是在深思熟慮後，我又打消念頭，決定繼續和她在一起。這件事讓我感到焦慮，我已經好幾個星期沒有睡覺了。我不想欺騙她，但對於自己的感受，我真的感到困惑。」

加布里爾非常清楚問題所在。他沒有愛上她，沒有陷入愛河，但他的頭腦告訴他要繼續下去，因為安琪拉是一個非常合適的人，符合他對伴侶的期望。在這種情況下做出決定是很困難的。第一個選擇是盡一切可能去愛上她，是的，這是可以做到的。努力去愛，選擇去感愛，最大程度地激發感情。

許多伴侶在努力處理感情問題後，漸漸感受到更多、更好的愛。一個人如果能提供許多美好的事物，就可能會產生很多愛，因此愛情也就水到渠成了。別忘了，有些關係一開始就有愛情，而有些關係中的愛情則需要幾個星期、幾個月，甚至幾年的時間才會出現。我們都聽過有些人與自己一輩子的好友結婚、與共同冒險的知心結婚，或者與一直以來自己身邊親近的人結婚，然後有一天卻突然開始用不同的眼光看待對方。

如果你是那種需要強烈感受的人，你會知道戀愛中是什麼滋味。即使面前的人非常優秀，你也可能因為沒有感覺而極度焦慮。在這種情況下，你需要冷靜下來，不顧一切地果斷結束關係。這些決定是很困難和複雜的，但正如我所說的，與某人在一起如果是出於憐憫或沒有感覺，這將使你受苦，也會讓對方受苦[2]。同樣地，也有可能是因為你的心靈受傷，或者你因為不想再次受傷害而設下一道屏障，所以感受不到任何事物。在這種情況下，最好的辦法是尋求幫助，治癒你的心並且要有耐心，因為也許當你減輕了痛苦，感覺就會湧現，你會珍惜在你身邊耐心且細心地陪著你療傷的那個他／她。

四・意志

如果選擇是正確的，意志將成為你餘生的偉大盟友。愛不僅僅是一種感覺，更是一種意志的行為。我決定努力經營這段關係，因為它適合我，因為它對我來說是合適的、對我來說是好的，並且讓我成為一個更好的人，即使有時會受苦也不放棄。我不能只將愛建立在感情或理由的基礎上，因為根據定義，這些都是會波動的，會不斷變化和發展。有些日子心情好，有些日子情緒低落，因此我需要使意志發揮重要作用。誰不曾遇過這種情況，明明是你的朋友，但有時候你卻受不了他，感覺被他糾纏？誰不曾有過被父母親或孩子壓垮的感覺？感情因多種因素而變化，它們需要正確引導；但意志在其中起著關鍵作用。

在愛情中，意志代表著用心照顧細微之處，記得重要的日子，以及待人的方式等等。日常瑣事從來都不是無足輕重的，相反地，它是生活的支柱，也是讓伴侶快樂的基石。意志涉及努力，問問自己如何能讓對方快樂，對方面對困擾時，有什麼是我能做的，好減輕他／她受的苦？如果你對待對方的方式是好的——即使面對逆境、疲憊或例行公事——你們在一起的生活將變得與眾不同。

當你用心去做一件小事時，它就會變得偉大且美好。

1 作者註：我希望避免對任何說法做出標籤化或絕對性的斷言。經過多年來聆聽各種與愛有關的故事後，我發現一些重複出現的模式，我相信將這些模式明確表述出來，能讓人清楚認識了解伴侶的初步階段。

2 作者註：請記住，我們此處正在討論的是選擇伴侶的問題，而不是已經建立家庭的夫妻。後者的情況涉及到的是一場危機，需要採取其他方法，甚至可能需要尋求幫助。

17 金字塔理論

尋找伴侶的標準

我認為一個人應該知道自己在尋找什麼樣的伴侶。我再次強調，這對於那些想要穩定持久的伴侶關係的人是非常有用的。或許你現在處於其他感情階段，你並沒有在尋找伴侶，或是正在經歷分手或開始與另一個人交往。無論你處於何種階段，下面我將描述的內容可能都會對你有幫助。

想像一座金字塔。在基座上有最堅固的支柱，也就是你認為在伴侶身上必須具備的特點或特質，我稱之為「基本準則」。我曾幫助數百人建立自己的金字塔，裡面存在著各式各樣的標準。要制定你的金字塔，你需要深入了解自己：理解自己的感情歷程、不足之處、不安全感和生活中的偏好。

當基本準則確定後，我們繼續向上拓展。這一層是「進階準則」，它會豐富你對理想伴侶的描述。這些準則變得更加具體、更個性化，提高了關係發展的成功機會。

「基本準則」是建立伴侶關係的基石；
「進階準則」則有助於增強化學反應、溝通和關係的進展。

符合度的百分比越高，找到適合對象的可能性越低，但一旦找到，對方是對的人的機率則較高。

許多人可能會吸引我們並點燃激情，但適合長久共同生活的人並不多。

每個人都會界定自己的標準

聰明、有價值觀、有吸引力、有教養、外向、注重家庭、謹慎、有幽默感、有趣、家庭和教育背景、忠誠、健康的生活習慣、金錢管理方式（大方、吝嗇、自私）、對方的嗜好、政治傾向、宗教觀、運動愛好者、喜歡旅行、愛護動物等等，重要的是你為自己的每個標準

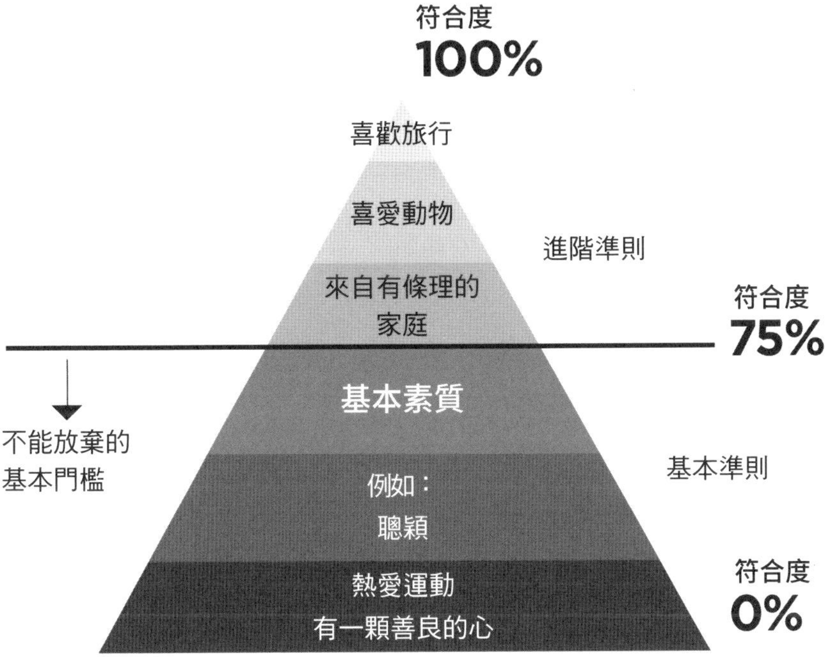
符合度
100%
喜歡旅行
喜愛動物
進階準則
來自有條理的
家庭
符合度
75%
基本素質
不能放棄的
基本門檻
例如：
聰穎
基本準則
熱愛運動
有一顆善良的心
符合度
0%

▲金字塔理論

下定義。

你所謂的「聰明」，可能對另一個人而言意味著不同的事情。你的價值觀對別人來說是不同的，務必將標準以正面的方式表達。

你可能會認為，我全部都想要！但既然「擁有一切」是不可能實現的，那麼底線就是你知道對你來說最重要的三件事是什麼。還記得「上行網狀活化系統（ARAS）」嗎？我在《親愛的，那不是你的錯》中深入談過這個主題，但我想再次簡要解釋一下。大腦每秒鐘捕獲數百萬個位元的資訊，但它只關注我們感興趣的內容，或是我們的目標或希望之中的一部分。例如女人懷孕後總是在街上看到嬰兒車，或者當一個人決定買某種車款後，就會開始在街上不斷看到那種汽車的原因。

ARAS是一群位於腦幹的神經元，負責從所有資訊中篩選出對我們的目標、擔憂甚至是生存最有意義的訊息，並將這些訊息優先排序。我的好朋友馬里奧．阿隆索．普伊格（Mario Alonso Puig）博士說：「當心靈真心渴望某件事，大腦最終會展示給你看。」——我推薦你閱讀他的著作和聽他的演講。當我們對某件事感興趣時，大腦會竭盡全力在所有收到的資訊中找到它。這並不表示只要強烈渴望某事，它就會像魔法般出現，而是大腦會努力在周圍環境中找到它。如果有與你渴望的東西相似的事物，ARAS就會將它展示給你。問題出在許多人不知道自己渴望什麼，從而迷失了方向。因此，在伴侶的問題上，我建議你啟動你的「上行網狀活化系統」。如果你了解自己的標準，知道自己正在尋找什麼，當符合這個標準的人出現在你的生活中時，你的大腦就更有可能幫助你辨識出符合該特徵的人，並激發出火花，甚至更多其他的事物。請記住這個想法，它將永遠對你有幫助！當你對某件事感到興奮時，你的大腦會發生變化，因為你會誘發一種能夠改變神經元正常運作的情緒狀態。

專注於你真正渴望的事物，用熱情讓你對目標產生期待，無論是什麼目標，你都會開始感覺到內心起了一些變化。這種內心的衝擊會對現實生活產生影響。

我們會吸引生活中發生在我們身上的事情

熱情是把心投入到我們所做的事情之中。但要小心！這不表示我們要執著於完全實現我們的願望，因為那可能會產生反效果。有時我們要保持一段距離，才能獲得更好的視角並瞄準不同的目標。

當你的目標和準則對你無效時，可以退一步拉開距離，重新分析情況，重新定義你所尋找的條件。也許情況已經改變了，也許你要求的是過於複雜的事情，也許你找錯了地方⋯⋯

當我們活化ARAS時，會意識到我們不斷地在生活中收到訊號（你可以稱之為任何你想要的名稱）來幫助我們找到自己的方向，而就我們所關注的主題而言，這些訊號可以引導我們找到適合的伴侶。

蓓爾達（Berta）的案例

蓓爾達今年三十九歲，因為與同居三年的伴侶分手而陷入憂鬱狀態。她在一家廣告公司工作，喜愛旅行和運動，一直是一個非常活躍、渴望探索世界的人。

她前任男友的父親已過世，他與母親住在馬德里郊區的小鎮上。他是一名公務員，據她所言，他的生活非常單調和平靜。他不太喜歡冒險，並且不喜歡旅行，甚至害怕搭飛機。

蓓爾達認識他時是被他的外貌吸引。他是一個非常勤奮的人，但依照她的喜好來看，他太「一成不變」了。打從一開始，她就知道有些事情不合拍，但她非常喜歡他，不敢離開他。

最後，她意識到自己必須結束這段關係，於是她做出了這個決定。幾天後，她開始陷入憂鬱和焦慮，她感到非常孤獨，腦中不斷冒出的想法折磨著她──「我會永遠孤單下去」、「我不知道該如何做選擇」、「我不喜歡我現在的生活」。

當她意識到這些想法越來越強烈時，她來向我尋求幫助。在最初的幾次會談中，我們針對她的憂鬱症狀進行治療，但在她開始感覺好轉後，我們又在她的個性和生活歷程上取得進展。蓓爾達從來就不知道如何選擇適合的伴侶。她不清楚自己想要什麼，只要遇到一個和善的人，她就會開始戀愛和約會。我們一起了解她的童年、她與男性交往的方式，以及她年輕時尚未完全癒合的創傷。

有一天，我向她談到ARAS，並幫她建立了她的愛情金字塔。我們分析她的個性，首先選出她的三個基本標準：喜歡冒險、有幽默感和家庭觀念。

我告訴她在接下來的幾個星期中要保持警覺，活化她的ARAS，並請她向我回報。在療程結束後，發生了一個有趣的小插曲。蓓爾達剛從我的診所出來，準備前往火車站搭車返回她的城市。過了一會兒，我的祕書通知我，說她打來了一通緊急電話要找我談話。我接起電話，她驚訝而緊張地對我說，她碰巧在火車上坐在一個與她年紀相仿的男人旁邊，他正在用筆記型電腦準備一個簡報，上面寫著「緬甸歷險記，難忘的體驗」，並附有照片。在投影片中，有他騎著大象和在河上泛舟等的照片。他符合了她金字塔中的一個標準！她不知道該怎麼辦，所以我試著安撫她，告訴她試著與他展開一段輕鬆的對話，看看接下來會發生什麼事。

幾週後，當我再次見到她時，她告訴我那天掛斷電話後，她鼓起勇氣問他有關那些照片的事。他回答說他在旅行社工作，負責在世界各地測試飯店和旅遊體驗。她的心開始狂跳，再仔細看著他之後，她發現他非常有魅力。她不知道這是否與他所說的內容有關，但她被迷住了。她還接著問他，是否有伴侶和他一起旅行，他回答說他單身，沒有人能忍受他的生活節奏。蓓爾達的ARAS成功發揮作用！如今，他們是一對穩定的伴侶，正在期待著孩子的誕生。

當然並非所有的故事都是這樣發生的，但很顯然，如果她沒有開啟她的ARAS，她永遠不會注意到那個人。

很多感情好的伴侶都有一個共同點：他們都清楚自己想要什麼樣的人來分享人生。如果你想到你身邊某些關係進展得很順利的人，問問他們，你會發現他們其實都很清楚自己在尋找什麼。當然，有些人很幸運，突然遇到了自己的「另一半」，之後的發展如魚得水，但根據我的經驗，如果你心中對於自己要找的對象有明確的想法，找到他的機會和順利發展的機率就會更大。

讓人愛上我們會很困難嗎？

有很多人經歷過這樣的階段，他們覺得沒有人對自己有興趣，會想著「我沒有吸引力，沒人注意我」。這些時刻可能會帶來極大的悲傷和空虛，而且削弱自尊心。我們通常會將這個問題歸因於外貌，這是有一定道理的——尤其是在二十一世紀，對美的崇拜更為盛行——但還有其他因素在發揮作用。

根據科學研究，有一些策略可以吸引別人，讓別人喜歡你。這本書不會教你吸引他人的技巧，但可以幫助你理解有時你可能對他人吸引力較弱的原因。如果你想引起某人的興趣，讓我來給你一些建議：

- 分析自己是否處於「皮質醇中毒」的狀態。在這本書的各個章節中，我們已經看到皮質醇是如何將人們趕走的。它會使你感到更焦慮、易怒、憂鬱或封閉。沒人想跟一個隨時處於警覺狀態的人在一起，因為大腦會將之視為一個緊張的地方。如果你是這種情況，試著了解問題的根源，並尋找應對方法。態度很重要，但有時只有態度並不足夠，你需要尋求幫助。我們都經歷過連自己都無法忍受自己的時刻，那麼想像一個陌生人的感受吧！
- 增加你的催產素。想必你已經相當了解，催產素是親情、愛情和親密的荷爾蒙！如果你成為一個充滿活力的人，總會有人想認識你、親近你。也許愛情不會出現，但你會遇到那些豐富你的生活，並讓你感覺良好的人。
- 微笑。我們都知道這個祕訣。當我們與笑臉迎人的人在一起時，我們會感覺更好。鏡像神經元對共情和情緒狀態非常重要，當我們看到別人臉上露出笑容時，鏡像神經元就會被啟動。面對疑惑時，請記住這個表情會打開他人的心扉。
- 要有幽默感。幽默感不僅僅是帶來歡笑，它還是面對生活的一種態度。有幽默感的人更健康。當尋求長期關係時，人的潛意識會想要找個能夠克服生活中的戰鬥和艱難時刻的人。當我們遇到一個知道如何為不幸遭遇增添歡樂色彩，並能夠以相對的眼光看待困境的人時，我們會感覺到特別的連結。我有一些維他命患者向我講述他們的不幸遭遇，但他們已經學會將故事轉變為不至於讓人感到壓力沉重，用另一種方式來解釋他們的痛苦。

- 避免自大和自我中心。我們通常會迴避那些自我中心的人，他們只談論自己的生活，卻不知該如何關切我們的生活。我們都重視那些對我們的事情感興趣並仔細聆聽的人。
- 嘗試良好溝通。自信和溝通是關鍵因素。以健康的方式傳遞概念和想法有助於建立橋樑。良好的對話能促進關係，促使我們繼續與其他人見面（我時常在諮詢中幫助患者建立這個特質）。
- 讓與你在一起的人感到愉快，讓他們感覺良好。大腦不僅僅記得你在某一特定時刻發生了什麼事，還會記得你在當下的感受。換句話說，我們更會記得和懷念在一起的感覺，而不是別人對我們說了什麼話。
- 個性。我們的性格對情緒管理有很大的影響。做一個簡單的人格基模分析，可以幫助你了解在這方面是否有能夠具體改進的地方。

破壞一段關係的方式

一段關係從一開始就進展不順利的原因有很多，而且通常都是無意識的。

一．在恐懼中展開關係

害怕被拋棄、遭受背叛、害怕受傷、失望、被辜負等等，當我們以這種前提開始交往時，對方就會變成完全不可信賴的來源。當我們處於警戒狀態時（透過對皮質醇的討論，我們對其已經相當熟悉），我們會阻止心智、心靈和身體的享受。理性思考並意識到這是創傷和不安全感的產物，有助於讓我們脫離焦慮的掌控。

二．從一開始就傳達對承諾的恐懼

有一種特別的恐懼，我特別用一段篇幅來闡述：對承諾或關係可能穩定下來的恐懼。

索菲亞（Sofia）的案例

索菲亞經歷了父母離異的創傷，她是四個兄弟姊妹的老大，由於家中的情況很複雜，她負責照顧他們。

她的父親是一個情緒不穩定的人，他會用言語攻擊別人，而且很難相處，而她的母親總是對他百依百順。索菲亞從小就在他們之間周旋，直到情況變得無法忍受，走到了不得不分開的地步。

當我見到她時，她陷入了嚴重的悲傷和憂鬱之中。

「我無法再忍受了，我受不了我的父母，我愛我的兄弟姊妹，但現在他們在情感上依賴我，我很難完成學業。我承受很大的壓力。但有一點我非常清楚：我永遠不會結婚。」

我斷斷續續地幫助索菲亞，直到她完成學業並開始工作。幾年前，她再次來找我，告訴我她遇到了一個很棒的男人。他們交往了幾個月，她已經告訴他，她不想進入有承諾或認真的關係。她並不想跟其他男人在一起，但她害怕墜入愛河，害怕自己的感情會越變越深。另一方面，她承認對方是一個很好的男人，是一份禮物；然而，她不知道如何處理這份關係，她不善於打開心房告訴對方自己的感受。他對她的行為感到困惑不解。

索菲亞正在破壞他們的關係，但事實是她害怕承諾，害怕感受愛情，在她的心中，她不斷告訴自己不想要一個伴侶。另一方面，她害怕他會厭倦她並且離開她。

我建議她在下一次的諮商中帶著安東尼一起來診所，幾週後，她和安東尼一同前來。她的男朋友非常優秀。我用簡單而細膩的方式向他解釋，索菲亞在她父母的婚姻和離婚中承受了很多痛苦，這讓她留下了一道傷口，使她很難接受別人的愛，因此每當她感受到強烈的愛意時就會逃之夭夭。她總是在照顧別人，卻從未被他人關照。在她的情緒基礎中，她從未經歷過無條件的照顧，因此不知道如何處理安東尼對她的關愛。

安東尼仔細聆聽我的話，並告訴我他很感激我說了這些，因為他原本有些困惑。在和我交談之前，他曾經猶豫是否要離開她，給她一些時間來釐清她的想法，或者是要繼續像以前一樣對她好，期待她能夠打開心扉。

他們已經交往兩年了。索菲亞一直在療傷，現在她已經能夠享受這段關係，並考慮和安東尼共組家庭。

三．覺得自己不值得被愛

我曾經多次聽到「我不配得到這麼多的愛！」這樣的話，我不得不承認，一開始我感到很驚訝，因為我相信每個人都值得擁有無條件的愛，都應該高興地接受愛的禮物，但事實是，有時候我們並不覺得自己值得得到這麼多的關愛。

當我們在一段關係的初期傳達這種情感時，就會產生某種緊張感，因為這樣的行為會導致巨大的不安全感。我們懲罰自己，不允許自己享受正發生在自己身上的美好事物。

正如我們所看到的，有很多人都帶著很深的創傷，不知道如何以健康的方式去愛和接受愛。這些都是令人痛苦的問題，因為它們可能會導致關係結束，但也可以得到療癒。如果你發現自己因為這樣的情形在破壞你跟對方的關係，請分析原因，並試著逐漸接受別人對你的愛。

為什麼我們會愛上不適合我們的人？

我們都認識某個曾經深愛著另一個人，但卻得不到回應的人，或者那段關係對他們來說並不適合。為了征服一個伴侶而不斷努力是令人疲憊不堪的，最終只會帶來極大的悲傷和挫折感。這就像走進死胡同，你不知道如何處理，因為感覺自己陷入了一個無解的循環中。

帕翠西雅（Patricia）的故事

我記得以前收到過一封電子郵件，內容是這樣的：

「我叫帕翠西雅，我在一段煎熬的關係中度過了很多年。我們是在大學時期認識的，交往了一段時間。我們分手是因為他要去英國工作幾年。我們會在每一年的聖誕節見面，期間我們之間的火花會再次被激發，有了親密關係，但他坦白告訴我，他在倫敦有一位伴侶。出於某種原因，我無法斷絕這段關係。我經常寫信給他，但明知道他和另一位女性同居。在我的一生中，我絕對不會接受成為別人的第三者，但我不明白為什麼對他如此執著，還把以前無法想像的事情當作理所當然。我忍受這段關係已經十年了，我覺得我必須擺脫它，但我不知道如何解決。你可以幫助我嗎？」

我們有可能會愛錯人——這是我們從「愛情金字塔理論」中了解到的——或者在一段關係中被蒙蔽，並未意識到這段關係對我們造成的毒害和傷害。有時候我們的心智無法冷靜理性地分析，這有幾個原因：

- 存在一個會遮蔽其他事物的特徵，因為該特徵非常強烈：他／她極有魅力、有錢、非常有趣、性生活很美妙，在一起時感覺非常好（分開時感覺很糟）等等。這種正面特徵如此強烈和巨大，使我們無法察覺其他方面，無法從整體上看待這段關係。
- 從一段痛苦的關係中走出來，很快就投入另一段關係，以忘卻曾經的痛苦。在這些情況下，即使只是一些微小的愛慕或感情，任何事情都足以讓我們忘記之前的經歷，並可能忽視在正常情況下會警示我們這段關係並不合適的徵象。
- 環境可能會導致我們無法正確分析事情，這些情況有很多種：感到孤單，感受到壓力（周圍的人都有伴侶），甚至是單純無聊（像Tinder這樣的應用程式扮演了關鍵角色），這些情況都會使我們陷入原本寧可避免，但卻不知該如何走出的關係中。
- 自卑。有些人會接受那些微不足道的愛慕、性愛或感情，因為他們不敢面對對方，害怕失去對方。在這種情況下，內心的聲音和不安全感扮演著重要角色。能夠說出自己的真實想法並設立明確界限，一開始很痛苦，但之後會帶來極大的解脫。

18 如何提升一段關係成功的可能性

當一對伴侶開始他們的感情旅程時，會出現一些問題，這些問題可能會使關係鞏固，或者相反地導致關係破裂。如果我們意識到「關係看起來不錯」，我認為我們應該討論一些問題，以避免未來可能產生更大的衝突。根據我的經驗，以下是其中一些問題：

一・孩子的問題

許多伴侶因為孩子的問題而發生嚴重衝突，這不是在第一次約會時要拿出來討論的事，但如果其中一個人對此問題有明確想法，隨著關係的穩定，最好跟對方分享這些想法。

我曾經目睹對於育兒問題爭吵不休的情況——「我告訴過你，我只想要一個孩子」、「我從來沒有想要當媽媽，我們認識不久後我就提醒過你了」、「我不喜歡小孩」。我們認為隨著時間的推移對方會改變主意，有時這確實會發生，但情況並非總是如此，這可能會帶來巨大的痛苦。

二・忠誠度

這似乎是基本的要求，但如今愛情的規則對許多人來說已經改變了，忠誠並非總是必須的條件。我遇過接受開放式關係、性關係出軌或交換伴侶的人。因此，重要的是我們要充分了解對方，並能夠表達我們對這個問題的感受。

另一個重要的方面是並非每個人對不忠都有相同的定義。有些人認為這僅僅是身體和性方面的事，而有些人則認為使用Tinder或跟別人聊天就是不忠，還有些人覺得看色情片或參加某些單身派對也是。規則就是規則，我們必須坦誠表達，以免產生誤解。

三・金錢

這是引發伴侶之間重大衝突的因素之一。感情會經歷不同階段：從經濟上較為寬裕的時刻到較為困難的時刻，必須勒緊褲帶拮据度日。許多伴侶因為重大的經濟危機或對於金錢使用的爭吵而分手。節儉、吝嗇或者對方不理解的個人支出可能會在婚姻中引發有害的爭吵。

四・姻親

這是一個至關重要的問題。在初次約會或前兩、三次約會時不會涉及這個問題，但如果你有另一半或者已婚，你就會完全了解我在說什麼。

婆婆、岳母、手足的配偶、家庭聚會、婚禮、宗教慶典等等，都經常是夫妻爭吵的源頭。正如我所說，這不是在剛開始認識一個人時會討論的話題，但是，如果你在初期就看到一些讓你感到不安的事情，那就要小心了。

我曾經遇過一些人，他們的前提是希望讓自己的父親或母親在兩人的伴侶關係中扮演重要角色。如果你正在考慮建立一段關係，那麼對這些問題最好能有明確的想法。

如果我愛上另一個人該怎麼辦？

吸引是一種生理和心理都可能發生的現象，它和戀愛的症狀很像，如果處理得當並不一定會成為問題。問題在於我們經常混淆吸引力、愛慕和與他人相處愉快的感覺，這可能導致誤解或者不忠。我經常聽到這樣的話：「我們是朋友，彼此非常喜歡對方，但有一天喝酒後發生了別的事情，現在我不確定自己到底是什麼感覺。」「我和丈夫正經歷一個危機，我開始注意一位同事，我一直覺得他人很好，而現在對他產生了不同的感覺。」「我太太不關心我，她因為一直在照顧孩子而沒時間陪我，我在健身房遇到了一個在乎我的女孩，她對我所有的事情都很感興趣。」等等。也許這些話中的某些部分讓你覺得很熟悉，並認為它們是某些事情的開端；然而，它們並不是最終的結論。

愛情和性愛中有一部分是由荷爾蒙、衝動和激情驅動的，但如果我們允許，大腦並不一定會拋棄我們。當然，有一些因素會降低我們的思考和理性能力，比如荷爾蒙（青春期是多麼迷人的時光啊！）或者酒精（它會抑制前額葉皮質的活動）。是的，酒精在我遇到的大多數不忠情況中都會出現。飲酒會使人失去自制力，使我們做出平時不會做的事情。

沒有什麼比感受到他人對自己的愛和欣賞更能激發人的活力，也沒有什麼比墜入愛河更能讓人動心。但是破壞感情聯繫，欺騙我們所愛和尊重的人，或者過著雙重生活，都會帶來後果，身體和心理會察覺到這種內心的衝突，從而引發身心方面的疾病。

克莉絲蒂娜（Cristina）的案例

克莉絲蒂娜在一家科技公司擔任行政人員，她已婚，有一個五歲和一個八歲孩子。從心理學角度來看，她似乎沒有什麼特別引人注目的地方，但她卻有消化系統的問題和嚴重的頭痛，據她的醫生所說，這可能是情緒因素引起的。她的身體正在向她發出警告，告訴她有一些問題她無法處理，而她的身體正將這些問題軀體化。

她的「問題」在第一次就診數週後在哭泣中揭曉了：她愛上了一個已婚男子，並與他交往兩年了。

克莉絲蒂娜無法確定這是愛情還是新鮮感，因為她的情人非常細心體貼，與她的丈夫完全相反。理想的做法是她自己找到解決辦法，但有時候，這些情況需要專業人士幫助提供觀點、揭示困擾她的原因。在生活中，我們必須做出非常艱難的決定，而有時頭腦和心不一定一致。

「在我看來，」我對她說，「你必須理智、冷靜地思考。如果你愛你的丈夫，並希望一家人不分開，那麼你應該與另一個人斷絕關係。過著雙重生活會產生後果，無論是身體上還是心理上皆然。你的身體不會說謊，你的身體在聆聽，而你的心必須活在真實中。」

內心的寧靜與平和是無價之寶，它們決定著我們的情緒狀態。當然，每個人都喜歡在某些時刻體驗強烈的情感和冒險，但感受到平靜的心情和問心無愧的態度有助於展現我們最好的一面。

克莉絲蒂娜繼續同時進行兩段關係。有一天，她的丈夫差點逮到她，她因焦慮症發作而進了急診室。這讓她重新思考了一切。最終，她決定專注於丈夫和孩子，結束另一段關係。這是一段艱難的旅程，但她離自己的目標已經越來越近了。

成功伴侶關係的要素

一段關係要成功，需要具備兩個要素：身心吸引和彼此欣賞。伴侶的關係會因千變萬化的生活而不斷演變，但為了使情感的黏著劑持續有效，就必須保持或繼續培養這些元素。別忘了，兩個人在一起，即使來自相似的背景和文化，也會帶著自己的生活故事和經歷，這會深深影響他們在伴侶關係中的相處方式。換句話說，儘管一切似乎打從一開始進展得很順利，但總會存在一些差異，這些差異將影響這段關係的未來。這些差異可大可小，而微小的差異會磨損日常生活中的相處。

這些微小的分歧包括廚房事務、整理家務、作息時間和人際關係的處理方式等瑣碎事情。困難和糟糕的時刻是情感關係中很正常的一部分。伴侶關係有其發展過程，雙方都有自己的節奏。這種內在節奏至關重要，因為有時看似是婚姻中的危機，但實際上是個人成長和發展的階段。懂得真誠和健康地面對這些階段，是展現內在最美好一面的跳板。

為了保持一段關係，不論是最簡單還是最複雜的關係，我們都必須願意照顧它、善待它。據我所知，沒有比婚姻或鞏固伴侶關係更複雜的事情了。關係中會有悲傷、衝突、問題和危機，因此我們需要每天都為培養浪漫愛情而努力。

我經常說有三種類型的伴侶關係：

一、自然流暢運作的伴侶關係（雖然沒有任何事情是自然流暢運作的，但我指的是那些幾乎沒有衝突的簡單關係）。

二、不成功且持續帶來痛苦和困難的伴侶關係。

三、需要付出許多努力，但只要雙方都願意，就能夠克服困難的伴侶關係。

正如我所說的，每一對伴侶都需要被照顧——「**我想要愛護你**。我決定無論遇到任何情況都愛護你。」我們已經看到，熱戀有其壽命，一段關係的成功在於雙方懂得如何解決衝突，在於讓步與寬恕所需的包容力，也在於他們如何和彼此溝通。每對伴侶都需要制定一些規則，以確保兩人的相處盡可能順利。

這是一個令人興奮的領域，有各種相關的治療、書籍和影片，但我想給你一些或許有所幫助的建議，讓你在和伴侶相處面臨困境時，能夠瀏覽這些內容，並反思自己是否履行了實現健康愛情的要務：

一・認真溝通

檢視你們說話的方式、如何溝通，以及如何表達自己的感受等等。避免提起過去的委屈和傷痛。在憤怒時，大腦會忽然顯現對方過去帶給你的傷痛、傷害、怨氣和醜惡的事情。人們會覺得有必要傳遞和表達自己在許多糟糕時刻的痛苦和憤怒。

請謹慎選擇你的言辭，它們直接影響著對方、你自己以及雙方關係的鞏固。

二・分析你的敏感度

事情如何影響你？你是那種會把所有事情都放在心上的人嗎？你是否對任何負面評論耿耿於懷？一個不好的表情或微不足道的事情，是否都讓你過度悲傷？賦予發生在你身上的事情真正的價值。這個建議將在你生活的各個方面都有幫助。

三．謹防胡思亂想

在我們擔心的事情中，有九成從未發生過。我多常重複這句話啊！它們不是真實的，只是我們想像出來的結果，但對我們的身體卻造成直接的影響，這是《親愛的，那不是你的錯》一書的主題。「他／她一定喜歡上其他人了」、「他／她對我沒興趣了」、「孩子對他／她來說不重要」、「他／她會忘記我們的週年紀念日」、「他／她不想和我在一起，寧願和朋友們出去」等等，這些是你可能曾經對自己說過的話。這些內心對話是非常有毒和有害的。

我經常建議我的病人，當事情順利發展、關係平靜的時刻，不妨寫一封信或在手機上寫下一個筆記，列出所有促使他們繼續與對方在一起的理由。在困難時期，這樣的內容會成為慰藉心靈的良藥，提醒我們對方的美好，遠離負面的思緒。

四．用心留意細節

正如我們所見，細節滋養愛情。透過訊息、撫摸、呵護、溫柔和擁抱來表達你的關愛和情感。愛情裡有無數種方式能用來表達我們的感受。餐點的細節、一束花、一張留在床上的便條、一個表情符號、一個驚喜、在一個意想不到的地方共享寧靜平和的時光、一次愉快的對話……這些都是感情的糧食。

不知道如何表達情感的人可能會在維持一段關係時遇到問題。如果你發現這是你不喜歡或覺得困難的事情，請尋求幫助、閱讀相關內容或與身邊親近的人聊聊。你肯定能一點一點地克服這個障礙。

令人害怕的分手

如果關係結束了，大腦會發生什麼事？首先會產生極大的痛苦，劃出了一道傷口，讓人備受折磨。不久後，我們會振作起來，尋求啟動重新征服另一方的機制，比如誘惑！如果這麼做沒有效，可能會因為迷戀對方而產生憤怒感。幾週後，與伴侶復合的希望逐漸渺茫。甚至爭吵了幾個月後——處在持續的警戒狀態中——你終於接受對方再也不會回來的事實，這時我們會陷入悲傷或冷漠的狀態。

如果這個人曾是你未來的計劃（你夢想著與他共組家庭、生兒育女並共度晚年），失落感可能會讓你無法忍受，因為你的心靈受到了影響。任何經歷過這種心碎故事的人都知道我在說什麼。

「我們需要談談。」我相信只要聽到這句話，你的皮質醇就會迅速飆升。原本全面運作中的多巴胺、血清素和催產素出現失衡的情況，而結果是顯而易見的：你無法停止對失去的愛人感到焦慮和絕望，而如果傷痛過於強烈，還可能會產生內疚感，在那些時刻，內疚感是非常有害的。

多巴胺和伏隔核都是掌管成癮的區域，再加上傷痛和焦慮而產生的皮質醇飆升，就會形成一種極度絕望的狀態。

由於愛情的生化過程與成癮過程非常相似，當我們生命中的某個人消失時，任何事物都會讓我們回憶起對方。有什麼解決方法呢？那就是必須遠離讓我們想起對方的一切事物。就像酗酒者或藥物成癮者一樣，必須避免接觸任何會引誘他們重蹈覆轍的事物。

你也應該避免所有讓你想起前任對象的事物：刪除他／她的聯絡方式，不再追蹤他們（以及他們最親近的朋友）在Instagram上的帳號，不要向你的朋友詢問他／她的消息。我們都知道，當我們對某件事情感興趣時，我們會發揮心中的戰略家和間諜的角色，一直到我們獲得關於對方的資訊為止。

當然，要多運動，因為這樣可以降低皮質醇，減少腦中產生的執念。要多和維他命人在一起（這樣能提高催產素），他們會擁抱你，讓你感到被愛，並且多參與活動產生腦內啡。

如果你不徹底切斷與對方的聯繫，你的心和頭腦將無法向前邁進。

好消息是我們能從分手中走出來。我們的本性是愛，當我們被拒絕或被欺騙時，心靈和心理上會經歷一段巨大的荷爾蒙和生理變革，這一切最終會恢復正常。心會渴望再次去愛，渴望被另一個人需要和渴望。

19 高敏感人

何謂高敏感人？

自從我開始投入在心理健康專業工作以來，我觀察到某些患者身上出現了一些共同的特徵。這些人擁有特別敏感的感受力，對於情緒有著比一般人更高的警覺度。

研究這個問題的過程中，我發現一些非常有趣的文章[1]，並且認識了伊蓮．艾融（Elaine N. Aron），她是一位心理學博士，也是研究高敏感族群的專家，在三十年前就創造了「高敏感人」這個詞彙。

我曾經陪伴許多人走過高敏感的旅程。在《親愛的，那不是你的錯》一書中，我簡單地提及了HSP（highly sensitive person），而令我驚訝的是，不少人寫信感謝我對這個主題的探討，並且表示他們感同身受。許多人要求我分享更多相關資訊，正因如此，我決定在此書中專門以一章來介紹這個主題。

根據伊蓮．艾融博士的研究，大約有百分之十五到二十的人口可能被視為高敏感人。女性比男性更容易出現這種情況，但當這種情況發生在男性時，往往更加引人注意，因為一般來說，男性在感情方面較不敏感。

高敏感人身上擁有超越常人的能力，能夠感知外界刺激與正在發生的事件並因此產生感覺。

特質及特點

高敏感人的主要特質和特點包括：

- 善於觀察。他們能強烈感知各種刺激（噪音、味道、顏色、氣味、評論、表情等）。事實上，根據一些研究，他們傾向於以不同的方式處理感官感知到的刺激。
- 他們的感覺更為強烈。
- 喜歡談論情感。這一點很重要，因為有些男性在談論自己的情感時會感到尷尬和不被理解。

- 他們更容易感到疲憊，也更容易被過多的刺激淹沒。
- 具有對接收到的資訊深入思考的能力。
- 在面對情況或挑戰之前，他們往往會更加謹慎小心。
- 處理訊息非常細膩。
- 可能會表現出某些強迫症特徵。
- 對被批評和被拒絕更加敏感。
- 更具有同理心。
- 挫折會使他們感到更加痛苦。
- 喜歡幫助他人，傾向於支持別人。
- 需要短暫的獨處時刻。

男人的敏感性

近年來，我對於理解男性的情感世界和感受產生了濃厚的興趣（我想這應該也受到我有四個兒子的影響）。我希望深入了解他們的敏感性，不僅僅是對於高敏感人，而是全體男性。因此，我認為在這方面提出一些想法是很有趣的。

我相信我能夠理解男性的敏感性，是因為我身邊幾位男性朋友都擁有高敏感的特質。他們都認為自己特別敏感、富有同情心和創造力。他們情感豐富，喜歡古典樂、藝術，並且願意談論自己的感受。例如，我的父親就是一個敏感的人。雖然他不完全符合伊蓮．艾融博士對高敏感人的定義，但他確實擁有這方面的特質和表現。他擁有令人印象深刻的溫暖特質，也容易被感動，加上他的傾聽能力是他做人和作為一名醫生的優勢。這就是為什麼我遇到敏感的男人從不覺得奇怪的原因之一。

直到不久前，人們對於男性表現出敏感特質的社會觀感仍不佳，因為這被認為是脆弱和軟弱的表現。嚴厲的教育、做父親冷漠且粗暴的形象，以及執意要讓孩子堅強，這些不僅沒有幫助，反而使情感受挫和被邊緣化。人們的目標是增進男性的身心強壯，而情感則被視為是脆弱的表現，歸為女性的範疇。

我治療過不少沒安全感、自卑和患有持續憂鬱問題的成年患者，他們的症狀都源於對過度敏感的管理不當且所知甚少。作為成年人，我們是自己孩童時期的寫照。曾被父母拋棄的小孩會在心中帶著傷口。當父親或母親強迫和壓抑一個孩子或青少年的情感世界時，他們便增加了這個孩子成為成年人時陷於不安全感、焦慮或憂鬱的可能性。

我建議從小就要培養孩子們的情感世界；如果我們從他們幼年開始幫助他們管理內心世界，就能為他們建立更安全、更平衡的性格基礎。

拉米羅（Ramiro）的案例

拉米羅長期飽受憂鬱和不滿的折磨。他是一位專攻公司事務的律師，已婚並育有兩子。在第一次諮商中，我意識到儘管他表現出嚴肅和疏離，但他其實是一個非常敏感的男人。

他告訴我，當他疲憊時，回到家後就會用繼承自母親的鋼琴，彈奏出優美的音樂。

「每天的生活讓我疲憊不堪，人們也是。我認為我的工作非常具有攻擊性。我不想成為律師事務所的合夥人，因為那需要一種我不具備的個性，但我的記憶力一直很好，法律事務也做得不錯。我父親希望我學法律，但如果由我決定的話，我會選擇念藝術史。我是個有條理的人，我和我太太租房子時，家裡的裝潢都是我一手包辦的。當人們對我不好時，我就會非常痛苦；我不知道這是自尊心、不安全感還是我太過固執和一絲不苟的問題。」

我問了一些關於他對聲音、光線、刺激和情感感知方式的問題。毫無疑問，他是一個高敏感人。在我向他談及高敏感人的特質後，他感到如釋重負，因為他總是認為自己很奇怪且與眾不同，與朋友格格不入，也很難在工作中與團隊的成員產生共鳴。

他的治療著重在幫助他理解自己的個性，管理使他不穩定的壓力源，並改善與妻子及周圍人們的關係。正如他所說，自從他更了解自己後，他感到更加堅強，不再那麼脆弱。他在自己的敏感性格中找到了他所需的力量。許多高敏感人都有強迫症和完美主義的特質。透過共同努力解決這些問題，他達到內在平衡的可能性就會大得多。

高敏感對人際關係的影響

如果你是高敏感人，那麼與伴侶之間的小事就可能讓你極度痛苦。也許你會感到沮喪，因為對方不像你那樣強烈地感知事物，或者不理解你的情緒、悲傷時刻和沉默。當你需要對方更用心地傾聽你時，對方卻顯得不夠感同身受，這也許會令你感到痛苦。

如果一個高敏感人不知如何管控自己的細膩敏感和善加表達自己，那麼他就可能會在關係中感到非常脆弱。能夠談論這一點並共同探討這個主題可能會很有幫助。在諮商中，我經常與高敏感人的伴侶見面，向他們解釋這種人的細微差別以及他們的感受和行為方式。

我想說明一點：如果我們學會好好處理高敏感的特質，它會是一種天賦，一份禮物與一項巨大的優點。為此，高敏感人需要：

- 理解他人的感知和感受與你不同。你不能要求別人有和你一樣的敏感度和關注度。

你的伴侶不太可能達到和你相同的敏感度，即使有，也可能需要付出很大的努力。

- 理解自己如何處理資訊、刺激、情緒和痛苦。
- 了解自己擁有更多同理心的能力，因此更容易和更有能力幫助他人。

如果你認同這些觀點，或者認識身邊有這樣的人：

- 給這種感受取個名字。許多我認識的人在理解自己是高敏感人時都鬆了一口氣。
- 學會管理你的情緒，試著辨識出使你處於警戒狀態的主要壓力源。
- 計劃一些任務來幫助你引導高敏感特質：寫作、散步、閱讀經典文學、演奏樂器、縫紉、背誦詩歌、按摩、接觸大自然、繪畫、休息、從事運動等等。
- 設立界限。根據定義，高敏感人通常設立較少的界限，這是他們感到壓力和疲憊的原因。由於感受太多，當他們全心全意地投入時，會承受更多痛苦。在這些情況下，說「不」反而是有益心理健康的，也會幫助你自我感覺更好。高敏感人在情感層面上的自我照顧不周是很常見的，有時需要教導他們設立界限。

1 作者註：lamenteesmaravillosa.com 這個網站有許多關於高敏感的主題以及其他心理學議題的優質文章，它們啟發了我這本書中的部分內容。對於沒有時間深入閱讀書籍的人來說，這個網站可能非常有用。

有毒的人

有些人無論走到哪裡都帶來幸福，而有些人則是在離開後才讓人快樂。

——奧斯卡．王爾德

20 何謂「有毒的人」？

我從來不喜歡「有毒的人」這個概念。一個人本身並不是「有毒的人」，只是他對他人產生的影響是皮質醇中毒。他的存在，甚至只要一想到他，都會讓我們脫離舒適區，深深改變了我們，使我們感到悲傷、激動、煩躁，更重要的是，這會啟動我們的警戒系統。換句話說，當我們靠近這樣的人時，我們的交感神經系統受到刺激，讓警戒狀態開始運作，並開始分泌皮質醇。

雖然人是社會性的動物，但不同的人對我們的影響並不是中性的。有些人際關係適合我們，有些則不然。有些人會為我們帶來平靜和快樂，有些人則讓我們感到疲憊和煩躁。請盡可能選擇我們周圍的人，並與他們建立健康的關係，這將影響我們的心理和情緒健康。

一個人本身並不是有毒的，有毒的是他對你產生的影響。

我們需要理解的是，許多變得有毒的關係起初可能並非如此。這些關係通常都有一個美好的開始，但在某一刻，有人傷害、批評、拒絕了我們，或者羞辱了我們，從那時起，這個人使我們對他產生了某種程度的抗拒。在許多情況下，反覆發生的事件會導致關係的磨損，直到對我們的生活不再產生任何正面的影響。更糟的是，它還帶來了負面的影響：消耗。例如，如果一個人感受到另一個人的威脅，或者察覺到自己被排除在一個群體之外，受影響者的警戒狀態就會被啟動。這既可以是一種感覺，也可以是現實。我們也許被一群人包圍，但卻感覺到自己格格不入，沒有人關心我們，也沒有人注意到我們的事情，這最終可能導致我們感到孤獨或被遺棄。

當我們難以離開對我們有害的人時，就會出現另一個問題。這就好像我們對某些人產生了依賴感，而這些人對我們來說並不總是帶給我們最好的影響。

另一方面，有時我們必須誠實面對自己：問題是來自於我們自己，而不是他人。有些對有毒環境敏感的人，其實是自己出了問題。有些人對於自己遭到拒絕的情況極為敏感，誤以為他們周圍的人是有毒的，而實際上的問題出在他們對現實的感知。

在接下來的內容當中，我將試圖闡述所有可能性。在你生命中的某個時刻，你可能會發現自己與其中某些情況相符。

本章的職責有三項：首先，分析我們的人際關係，看看是否有任何有毒成分的人，並盡量妥善處理關係；其次，我們必須避免對他人產生有毒的影響（是否犯了使他人產生排斥感的行為？）。最後，讓我們成為一部分的解方，而不是成為問題本身。讓我們立志成為身邊人們的維他命人吧。

我想再次強調，這裡使用「有毒的人」一詞，是指會使人皮質醇中毒的人。

有毒的人使我們自動產生排斥和不適。不論是否有依據，他們的存在都會讓我們感到不安，有束縛感，令我們備感壓力，並使我們感覺失去了自由。有毒的人通常具有侵略性和攻擊性；他們侵犯我們的空間和對話，武斷地評判我們的生活和觀點。然而，也有些人僅僅透過肢體表達、尖酸刻薄的言論和偶爾的諷刺就能讓人感到不適。最後一類人更難分析，因為他們的態度和動機聰明而微妙，他們所施加的負面影響通常是出於某種需要揭示的原因。在所有情況下，與這樣的人共處都令人筋疲力盡，當這些人在人生道路上與我們擦肩而過時，我們會感到非常惱火。

有毒的人對身心有什麼影響？

正如我已解釋過的，警戒狀態會在幾分鐘內改變我們的身體。當我們為某事擔心、感覺受到威脅或拒絕時，警戒系統會被啟動，分泌出兩種荷爾蒙：腎上腺素和皮質醇，它們是幫助我們靠著「戰鬥或逃跑」來應對這種挑戰的物質。

當你接近有毒的人時，你會進入警戒狀態並分泌皮質醇。

當這種關係變得長期、有害且找不到出口時，問題便會出現，因為它會導致嚴重的身心後果。

當一個人接近有毒的人時，體內會發生變化，而當你想到這個人時，身體也會發生類似的變化。換言之，這些帶來創傷和痛苦的關係之中絕大部分的問題存在於我們的大腦中。思考如何應對這些關係與實際面對它們有著非常相似的效果。要處理這類特質的人，我們必須分析其中有哪些是真實情形，又有哪些只存在於我們的想像中，這將有助於讓我們更實際地應對這種情況。

心靈和身體無法區分真實和想像。

婆婆就是一個典型的例子，因為這是一個我們都很容易想像的「角色」。我很幸運能跟婆婆相處融洽，但我聽過與婆婆相關的故事，這些故事有時會讓人輾轉難眠。我的一位病人結過三次婚，因此他有三位婆婆，她是這樣描述她們的：「這些女人覺得自己有權利對你的生活發表意見，事實上，她們就是這麼做的。」希望上帝保佑，幾年後我也會成為婆婆。我經常幻想我將來的形象，我必須承認，有時想像著和四個媳婦的關係時，我的臉上會露出笑容。但我希望我不會使她們皮質醇中毒！

辨識一個有毒的人

好的，讓我們回到主題：有毒的人。你正在想著誰呢？你的腦海中可能已經浮現了某個人的名字。我希望你在閱讀這些文字的同時，也能試著分析一下此情況。這個人會影響你，是因為：你不得不經常見到他／她、你必須經常跟他／她通電話、你必須處理讓你感到不舒服的待辦事項、他／她經常發訊息給你追問事情、他／她在你的腦中揮之不去（通常是前任伴侶），即使你不常見到他／她，但每次見面你都會感到極度不舒服和緊張。

有毒的人就是那些與他們相處起來會讓我們感到不舒服的人。即使在他們離開後，我們仍然感到煩躁、悲傷和空虛。當我們長時間與他們共處時，由於他們會啟動我們的警戒系統，我們的身體會感到疼痛，因為我們的皮質醇水平上升了！

當我們與有毒的人在一起時，我們不會放鬆和平靜，而是感到緊張和不斷處於警戒狀態，而這會導致疲憊感。

在治療中，我會要求我的病人分析誰可能是讓他們感到煩亂或使他們離開舒適區的人。有時候我們並不自覺身邊有困擾我們的人，身體和心靈已經習慣了這些微小或大幅度的侵害，我們不再把它視為一種負面的關係。

法碧歐拉(Fabiola)的案例

法碧歐拉悲傷又疲憊地來到我的診所，她與丈夫博斯柯（Bosco）結婚十年，育有兩子。

「這兩年來他一直對我很不好，辱罵我，對我挑三揀四，還羞辱我。但有時他又讓我感覺很特別，並告訴我沒有我他就活不下去。在某種程度上，我覺得自己正在經歷一種虐待，但我無法與他分開。就好像我需要得到他的認可，即使只是些微不足道的讚美，我才能感覺良好。如果冷靜下來思考，我知道我必須離開他，但我就是辦不到。」

法碧歐拉正在經歷一段有害的關係，但對丈夫產生了病態的依賴。這在家庭暴力案例中經常發生。

在最初的幾次談話中，透過與她的交談，我讓她意識到她所遭受的虐待，以及她對丈夫的依賴程度。儘管她表示認同，但我對她的表情很熟悉：她的內心正在掙扎拉扯，一邊是她的感受，另一邊則是她想要的和應該採取的行動。即使明白自己必須放手，但她仍然無法這麼做。

我花了幾個月的時間溫柔地陪伴她，幫她擦亮眼睛，協助她了解如何無懼地面對未來並解開內心的束縛。最終，她接受了博斯柯對她造成深刻傷害的事實，並詳細分析了他的行為，以及她面對他的攻擊和奉承的感受。

關鍵在於辨識並意識到關係中的毒害，才能面對並處理它。

讓我們試想以下的例子：你必須參加一個家庭聚餐，這時你會見到你很討厭的姊夫。想像一下：在出席之前，你察覺到自己情緒不佳，在聚餐期間，你幾乎不說話，而你的腦中充滿著負面的想法，回到家後你感到精神疲憊、悲傷或易怒，甚至可能出現身體不適——「我剛吃的食物有問題」——但其實是你的姊夫對你的身體造成了影響。

當我們能夠對此進行分析，意識到身體和心靈上所發生的事情，我們就更容易處理它。別忘了，要克服這一生的某些事情，關鍵是要遵循以下的過程：

		之前	過程中	之後
姊夫	生理症狀	✗	✗	消化不良
	心理症狀	壞心情	負面想法	深度精神疲憊
前男友 前女友	生理症狀	腹瀉	顫抖	偏頭痛
	心理症狀	✗	憤怒與失控	✗✗
母親	生理症狀	✓	胃打結	✓
	心理症狀	預期性焦慮	注意力不集中	放鬆
兄弟	生理症狀			
	心理症狀			
上司	生理症狀			
	心理症狀			

✓✓ 管理十分完善　✓ 管理完善　= 管理尚可　✗ 管理不善　✗✗ 管理相當不善

▲人際關係表

認識自己↓理解自己↓接受／處理情況＋原諒

「普遍有毒者」及「個人有毒者」

我稱之為「普遍有毒者」的人，是那些因為他們的存在而影響到許多人的人。這不是一個我特別喜歡的詞語，但它貼切地描述了我所指的情況。「個人有毒者」則是那些只會讓你感到不安的人；然而，對你周圍的人來說，他們可能並不會引起類似的不適。舉個例子：想像一下你的上司對你而言是有毒的人，因為他困擾著你、讓你感到不安，但與此同時，整個團隊都覺得與他相處愉快，並且與他建立良好的關係。

有些人因為他們複雜的個性造成許多人的困擾，但有些人因為某些特殊原因只讓你感到煩躁。仔細分析這種情況，進而更準確地處理它，這是非常有趣的。

接下來我將描述一些這樣的人，讓你能更加了解你的人際關係。

21 辨識應遠離的人

這件事並不簡單。一個具體的行為或評論並不會使一個人變得有害，我們需要注意的是重複的行為或特別嚴重的事件。一般來說，觀察自己，注意在這些情況下他人使我們產生的微小症狀，將能協助我們分辨某人是否更適合或更不適合我們。在極度敏感的人身上，單純的摩擦和有害的關係之間的界線可能非常微妙。了解自己，從錯誤中學習，並不時分析我們的行為以及與他人溝通的方式都是有益的。

「普遍有毒者」有一些共同的特徵，這些特徵能幫助我們識別他們，並避免成為其中之一。這些人通常自私、消極、好嫉妒、自憐、悲觀、愛批評、愛操縱別人、具依賴性且戲劇化等等，讓我們來分析其中一些特徵。

自私者

我稱他們為「魔鏡魔鏡」。他們的生活自始至終只專注在自己身上。我如何、對我如何、跟我又如何云云。他們只會做他們想做的事情。

他們需要在每一次的談話中成為焦點。他們很難表現出同理心、理解他人的處境，或察覺周遭的問題。他們不聽別人的問題，因為對別人的困境不感興趣。與自私者相處可能會讓你感到筋疲力竭，因為他們內心深處渴望你提醒他們，他們才是你應該注意的焦點。他們希望成為你生活、用餐、聚會和談話的主角。

負能量者

這些人一天到晚抱怨，在他們眼中，杯子裡有一半是空的。他們對周遭有著戲劇性和悲觀的看法。他們的上行網狀活化系統（ARAS）處於負面狀態，濾除了讓他們享受生活和感知美好事物的可能。

他們對任何人事物都感到生氣，包括對你、溫度、食物、交通、政府，甚至對整個世界都感到憤怒。他們很難接受好消息或是進展順利的事情。如果你身邊有這樣的人，請離開並保持距離，因為你可能會經常遭受無妄的攻擊，這會讓你心煩意亂。他們把自己的問題歸咎於你，並且見不得別人好；重點是這會激怒他們，並透過壞脾氣表達出來。如果你靠近他們，你會感覺不舒服、沒安全感和焦慮。

嫉妒者

這是許多毒性人格的一個常見特徵。當別人過得很好時，他們感到苦惱，因此需要批評和貶低別人。這是蔑視、辱罵和羞辱的根源。

這些人通常懷有不安全感，他們用這種嫉妒的態度來掩蓋。這就是他們不會為他人的成就感到高興的原因。作為一種「防禦措施」，當我們和這些人在一起時，我們常常無意識地隱藏我們的成功，以避免引起對方的反感。

受害者

他們凡事都有藉口。從他們的角度來看，他們的故事充滿戲劇性，在所有發生的事情裡都扮演受害者的角色。因此，他們在他人身上營造出了內疚感，並且善於利用：他們濫用你的時間和善意，利用任何情況以求少付費、獲得好處或獲贈東西。這還伴隨著一個特別讓人困擾的特質：當你真正需要他們的時候，他們卻不在你身邊。

他們傾向將自己的挫折歸咎於他人，長遠來看，這最終會導致他人的自尊問題。

憤世嫉俗者

憤世嫉俗的人會使你失去活力，熄滅你內心的光芒。他們的陰暗情緒在幾分鐘之內就能占據你的心靈。當你靠近他們的時候，你會被他們身上的悲傷氣息感染。他們許多人是需要幫助的，因為他們正在經歷憂鬱的過程，或者需要細心照料生命中的嚴重傷口。

憤世嫉俗的性格會自我反饋，由於他們沒有吸引力，因此會逐漸孤立自己，身邊的朋友也會越來越少，而那些留在他們身邊的人最終會因為忍受他們而在心理上承受巨大代價。

評論者

這些人總是有話要說，無論是你的生活、你的感情關係、你對孩子的教養方式、你的外表或你的工作，他們都要評論。無論你做什麼，他們都覺得有責任向你發表自己的意見，而且通常毫不保留，近乎粗魯，這讓你很受傷，因為你覺得這是一種攻擊和直接侵犯。

你總是有種被斥責的感覺。這種情況經常發生在與父母的關係中，他們「教育」的關鍵時刻已經過去了，但仍保留著「教育」的習慣。

每個人都有缺點。缺點被別人指正（即使是以友善的方式糾正）會產生不適感。在不傷害對方的情況下，糾正別人的錯誤是非常困難的，需要用非常委婉和細膩的方式。這些人經常責備和分析我們的行為。我們應該注意這種態度是否在一段關係中開始出現，因為感覺受到不斷的批評和審視會引發一種對生存非常危險的影響，啟動人體內的警戒狀態，讓我們無法休息和享受生活。

批評者

我們都認識這樣的人。當你見到他、在他身邊或打電話給他時，他總會說別人的壞話。他的生活就像一個「老大哥」在觀察別人的生活，不知疲倦地關注著別人的失敗和錯誤。

當我們接近批評者時，我們的警報系統會超速運轉，皮質醇和其他身體反應會讓我們感到壓力，而這種壓力會耗損我們的精力。如果你是這樣的人，要小心了！當你對自己的生活感到不滿意時，你會覺得不安全或空虛，很可能就會進入輕易批評他人的世界。

我通常會解釋，有一種內在的批評，是我們每次在生活中遇到或接觸某人時，腦海中會出現的聲音。接著是外在的批評，這是我們與他人分享的批評。內在批評對身體會產生相當有害的影響，因為我們對自己說話的方式會直接影響我們的健康。而外在批評，即我們向他人傳遞的批評，則具有雙重有害的效應：不僅傷害了自己，還同時毒害了環境和影響身邊人們的生理平衡。

有些人認為藉著批評，我們能跟他人取得連結，因為我們在分享共同的看法，而這會產生憤怒或嫉妒性質的對話，或產生引發大笑的流言蜚語，但注意了，「有趣」和「有毒」之間的界線是非常細微的。

操縱者

這些人對你具有影響力和控制力。可能是你的伴侶、父親或母親、老闆或朋友。他們通常具有超強的記憶力，會保留資訊和數據，以便在需要時用來攻擊你，或讓你按照他們的要求行事。

只要你沒有意識到自己受到操縱，你就不會真正受到傷害。但一旦你發現自己一直以來都被操縱了，而且屢次發生，你會感到被背叛，覺得自己渺小和脆弱，這會嚴重影響你的自尊和自信心。

依賴者

這些人感覺自己極度需要另一個人，以至於最終會奴役對方，並剝奪他們自己的個人空間和自由。顯然一種情況是因為客觀因素而無法自立的依賴者（但這不是我們現在討論的情況），另一種則是透過病態行為強力導致依賴他人的情況。

他們控制你的一切行為，不斷假裝自己是你生活的一部分，無法忍受你和他們的生活是分開而獨立的。這導致了巨大的精神消耗和強烈的受困感。為了阻止你脫離他們，他們會毫不猶豫地利用情緒勒索。意識到這一點將有助於你健康地應對這種情況。

「讓你的生活充滿戲劇性」者

幾年前我在比利時的一個電視頻道上看到一段令人驚嘆的廣告。在一個平淡無奇的村莊裡，人們在廣場中央安裝了一個紅色按鈕，上面寫著：「按下按鈕，增加戲劇性」。當人們按下按鈕時，各種戲劇性的事情在短時間內就發生了。幾分鐘過後，小村莊的生活又恢復平靜。我有時在治療中用這個廣告來向我的許多病人解釋這個概念，我稱之為「讓你的生活充滿戲劇性的人」。這些人不斷尋找衝突，如果找不到就編造出來，並樂此不疲。他們似乎在某種程度上對於戲劇性或甚至悲劇性的情況上癮。與這樣的人共處就像走進一片地雷區。

他們可能是患有邊緣型人格障礙（BPD）的人，或是具有歇斯底里特質，又或者可能會因焦慮而以攻擊性的方式發洩。這些人經常處於持續警戒的狀態，導致他們時常情緒激動和生氣。他們對挫折的容忍度較低，總是在不斷尋找問題（無論是真實的還是虛構的），而且依照他們的觀點，所有的事情都應該歸咎於他人。如果你遇過這樣的人，你就會非常清楚我在說什麼。

他們擅長瞬間破壞周圍世界的穩定，破壞家庭的平衡，而且常常以或隱或顯的方式挑起家庭成員或配偶之間的爭執。

他們會尋找任何機會引發爭執、衝突或爭論。

在治療中，我會在最初的幾次諮詢中詢問患者關於衝突的問題。你是喜歡面對衝突的人嗎？還是會避免它？或是你會主動製造衝突嗎？

這個議題很重要，因為許多這樣的人都會出現在法律案件、投訴事件和工作的衝突中。他們有時被稱為高衝突性人格，但有許多人會被歸類為邊緣型人格障礙的一種[1]。

邊緣型人格障礙

德蕾莎（Teresa）的案例

德蕾莎在母親的陪同下前來，她今年二十四歲。幾天前，德蕾莎的母親發現女兒手腕上有割傷的痕跡。德蕾莎告訴母親，當她感到非常焦慮時，自殘能夠減輕她的痛苦。

「她的情緒非常不穩定。」她母親說道。「她可以突然間對你非常親近，就像是世界上最溫柔的人，但幾分鐘後又突然轉變，對你大吼大叫、辱罵你。你永遠不知道她是處在什麼心情。她已經換過兩次職業，因為她說她無法找到自己的定位。她和朋友們經常吵架，也和她交過的兩個男友爭吵。他們都讓她的生活很不平靜。我和我丈夫不知道該如何幫助她，身為父母的我們卻意見分歧。」

「我不快樂。」德蕾莎解釋道。「我不知道發生了什麼事。有些時候我感到非常悲傷和焦慮。我喝很多酒，對毒品有興趣，但我不敢嘗試，因為擔心會上癮。我為此感到羞愧，但我已經讓我的男朋友們受過傷，在他們面前上演過可怕的戲碼。我無法控制自己，有時我覺得自己很脆弱，有時又有著極大的力量去說出內心的想法。我知道我需要幫助。」

德蕾莎患有邊緣型人格障礙。這些人的情緒和生活狀態不受控制，會沒有底線地將事情推向極端。他們的生活和對事物的看法非黑即白，沒有中間的灰色地帶。

症狀如下（但並非全部都會出現）：

- 情緒不穩定
- 情緒管理能力差
- 衝動失控
- 短時間內對所愛的人由愛生恨
- 將人理想化，然後羞辱並拒絕他們
- 易怒
- 人際關係非常矛盾，難以與人相處
- 追求刺激，需要嘗試強烈的感覺
- 自我傷害的行為
- 缺乏共情能力
- 空虛感

從神經生物學的角度來看，患有這種疾病的人在情緒管理的迴路出現了一連串的失衡現象：一方面大腦杏仁核會迅速急劇地被活化，同時前額葉皮質（控制衝動和反思的區域）被抑制了。其中許多人在童年時期都有過痛苦、虐待和被拒絕等創傷經歷。

如果你也有這樣的經歷，你就會知道這是一種極度痛苦的狀態。尋求幫助並不容易，但當你設法邁出這一步並讓自己接受專業人士的指導時，問題就會迎刃而解，你與親近的人之間的關係也會大大改善。

如果你被診斷患有BPD，你可能在很多時候感到被誤解，坐在治療師面前時，也可能感覺到他們不理解你，對你的痛苦無法感同身受，從而產生巨大的空虛感。

多年來，我一直陪伴著許多邊緣型人格障礙患者，我知道幫助他們擺脫所處的焦慮循環有多麼困難。找到解決方法、轉折點和壓力源可以緩解許多危機時刻。藥物治療結合良好的心理治療，將情緒管理的學習與大量的愛和溫柔結合起來，可以幫助他們減輕症狀。

如果你的家人患有這種疾病，或是你與具有這些特徵的人共同生活，接下來我會給你一些建議，幫助你以最佳的方式來處理這種情況。

- 首先，你必須先照顧好自己。由於BPD的特質，他們尋求成為焦點，這導致他們幾乎全神貫注地關注自己每一刻的狀態。你需要為自己找到一些時間，讓自己找到平靜和安寧的感覺。
- 要理解在這種「邊緣」行為的背後存在著巨大的痛苦，而他們處理這種痛苦的方式就是攻擊。他們背負著巨大的挫折感。這也有助於理解從戰爭衝突到政治反應等更廣大的現象，或者是你的上司或伴侶在事情不如意時的反應。挫敗感經常引發攻擊和憤怒。

- 他們所說的話、大吼大叫或侮辱都是對沮喪循環的反應。很多時候，他們沒有去思考這些事情，而是透過辱罵來表達。
- 與他們的溝通是複雜且令人困惑的。你所說的話和他們的解釋之間存在很大的差距。在危機時期，最好避免爭論，因為那可能會演變為讓雙方都感到非常痛苦的無意義爭吵。在平靜和安寧的時刻，試著用正向的強化和關愛的角度進行交流。讓他們感受到被傾聽、被理解，這將有助於他們更好地處理情緒，避免施加壓力和產生威脅[2]。
- 在家中必須制定一致的規則和條件限制，與共同生活的人達成共識，盡可能降低這份關係的傷害性。
- 尋求專業人士的支持。如果患者是親密的人，如子女、伴侶或兄弟姊妹，你必須知道這種行為是可以被治療的，而且已經有許多相關文獻。藥物治療至少有助於減輕這種行為。盡你所能鼓勵你的家人接受治療，參加支持小組或對他們有幫助的聚會。不要抗拒能緩解他們痛苦的資源。

這些人會製造衝突，是因為他們自己就生活在不斷的衝突中。

1 作者註：這些性格特徵讓你受苦，或者讓你身邊的人受苦。這類的人有固定的行為和思維模式會對自己造成傷害，而且他們通常擁有複雜的人際關係。

2 作者註：這種溝通模式是許多邊緣型人格障礙患者及其家人心理治療的基礎。要在這本書中收錄所有相關知識並不容易，但如果你身邊的人有這些症狀，那麼一些基本概念也許能幫助你理解如何應對周圍出現這些症狀的人。

22 學會應付有毒的人

這並非易事。與有毒的人頻繁接觸會造成受害人很大的耗損，如果不能適當地處理，可能會導致身體和（或）心理疾病。對此並不存在單一的解決方法，而是根據每個具體個案的條件及其關係類型，去優先考慮或加強我提出的某些解決方案。

有用的工具

一．謹慎的價值

由於其中一些人的特質和個性使然，他們可能會利用對你的了解，在某個時刻以某種方式傷害你。

在社交媒體說話和發布內容都應謹慎，因為有些人會仔細觀察一切，以收集有關你生活的資訊。

二．避免接觸互動

遠離那些讓你心煩意亂的人。保持距離，並強化內心讓自己壯大，這樣你才能以最好的方式處理關係。

如果你不得不與他們打交道，因為他們是你親近圈子（家庭或工作）的一員，試著在和他們相處之前做好心理準備，這樣會減少受害的程度。這並非自私的行為，也不是軟弱或怯懦的表現；這是自我保護。在這些情況下你需要保持距離。

三．忽視對方的意見

我們已經談到大部分的有毒影響來自於他們對你的生活持續或惡意發表評論，這使你疲憊不堪。如果你能忽視他們，你會更不受他們的言語和行為的束縛。

將他們的言論以及他們說話的方式相對化。學會使用「心理雨衣」[1]，讓評論和目光從你身上滑落。提醒自己，這些傷人的評論來自於那些你已經知道需要小心應付的人。

四．別讓他人對你的健康擁有太大的掌控力

你已經知道這會對你的心理和身體產生什麼影響。你想因為這個人而感到煩躁嗎？你是否意識到，如果你允許這件事發生，那麼你的身體將產生一連串非常負面的生理後果，例如皮質醇中毒或炎症？

如果你了解這種影響，你將會更清楚後果，也就能更好地面對這種情況。這將賦予你應對的內在力量。

五．學習適應

有些人出於我們難以理解的原因，必定會出現在我們的生活中，我們無法總是避開他們。如果是這種情況，而你又無法遠離他們，那麼請你做一個適應的練習。首先，需要分析對方是「普遍有毒者」還是「個人有毒者」。

探究這個人對你造成問題的根源，並試著理解為什麼你會如此煩躁。當你看到他時，你有什麼感受？你感到不安嗎？你有沒有察覺到他在評判你？你是否有憤怒、恐懼或氣忿的感受？請試著成為自己的心理治療師，逐步進行診斷。

六．理解其行為

我要再次強調，理解會帶來解脫。如果你試著辨別對方行為背後的原因、問題和困難，你將更能理解他對你做出的行為，你的皮質醇也會減少上升。你面前的這個人有什麼問題？他有什麼故事？他是因為害羞還是缺乏安全感？他有自尊心的問題嗎？沒有人教過他如何去愛嗎？他是具有攻擊性的嗎？你是他的宣洩對象嗎？他嫉妒你嗎？他只對你有這樣的反應嗎？換句話說，當你理解這個有毒的人時，你會感到解脫，有時你需要停下來仔細分析，無論是你的母親、老闆、前夫或是孩子，他正在經歷哪個重要階段？

為了讓感覺良好，你就必須了解他的生平，為此有時需要傾聽、理解、深入、提出問題等等，而這正是我們不想對這類人做的事情。

七．用心感受

用心對待傷害你的人是多麼困難啊！我並不是說你要被他們擊垮或被他們利用，我指的是避免用太嚴厲的眼光去評斷他。冷漠和憤怒是一種毒藥，會占據你的內心。

如果你發現這樣做讓你感到寬慰，那就嘗試去理解，你將在個人成長方面取得很大的進步。相反地，如果你感覺到他們濫用你的善心，那麼請遠離他們、保護自己。接近這樣的人對你沒有好處。

八．寬恕

寬恕是一種愛的行為，它會帶你回到過去並安然無恙地歸來。這是多麼困難，但同時又多麼重要的一件事！這並不容易，需要成熟、時間和謙遜。它是一條緩慢而漸進的內心解放之路。如果一個人不原諒，他就會固守在過去的陰影中，變成一個懷恨在心的人，無法去愛。

我不認識任何一個對身邊的人懷有仇恨而又幸福的人，因為仇恨是一種毒藥，會使身心中毒。有時，原諒意味著與那些傷害你的人保持距離。這並非指「我看到你時無動於衷」，因為這幾乎是不可能的，是一種理想化的想法，而是指「我知道我需要與這個人保持距離，才能以更客觀的角度看待他，這樣在看到或想到這個人時，就不會受到如此深的影響」。

尼古拉斯（Nicolás）和索萊（Sole）的案例

索萊兩年前與尼古拉斯分居了，育有兩子，一個五歲，一個三歲。尼古拉斯長期對她造成心理壓迫。索萊很難做出這個決定，但最終在父母和朋友的幫助下，她成功地離開了對方。從那時起，她的生活變成了一場磨難。索萊在經濟上依賴尼古拉斯，而他每個月付錢的日期都不同。他對孩子的控制欲很強，並且毫不留情地評判和批評索萊身為母親所做的一切。

「我知道分開會帶來創傷，」她向我坦白，「但我從未想過我會如此痛苦。當我看到他傳來的訊息時，我的心跳就會加快。心理壓力引起的生理症狀已經持續好幾個月了，我有胃食道逆流，經常腹瀉，喉嚨裡有腫塊。」

我對她進行必要的檢查，並轉介她到可信任的消化專科醫生，確認地沒有大礙後，我們開始進行心理治療。尼古拉斯對她來說是一個有毒的人。我們繪製她的人格基模，觀察到一切與他有關的事情都會在她身上產生高度的緊張狀態。

索萊承認負面的想法占了上風：

「當我在做某事時，我會想到如果我這樣做或那樣對孩子，他會如何批評我。我感覺自己不斷被評判。我不斷地預先擔憂他會對我做出的批評和評論。」

在這個案例中，首先要找出問題所在。了解皮質醇、警戒系統及其強烈的軀體化。儘管兩人已經分開，尼古拉斯仍然讓索萊感到心神不寧。哪些時刻最容易受到影響？她承認這個情況在她輾轉難眠的夜晚、經濟狀況較困難的月分以及在尼古拉斯帶孩子的週末會更加惡化。我們針對這些時刻進行精確的處理，好讓這些時刻到來時，其影響不那麼具有破壞性。

這些人使他人產生的巨大恐懼，來自於他們對他人的評價，以及他們給他人帶來的感受。

我經常讓患者在他們的筆記本上寫下正面的訊息。索萊在筆記本上寫著：「如果我很堅強，尼古拉斯的一切攻擊對我的影響就會小一些。相反地，如果我很脆弱（不管是因為經濟困難、身體微恙、孩子們幾天來的不聽話、叛逆，還是工作比平常多），他的任何攻擊對我造成的影響會是平時的三倍。」

接下來我們繼續下一步：為什麼她會受到這麼大的影響？是因為他覺得她很軟弱，還是因為她很希望自己比他更堅強？或是因為她不想在經濟、心理和情感上依賴他？還是因為他有能力用言語削弱她的自尊心？

有時候這些人會有一種潛在的情感依賴，但並非因為愛對方，而是因為社會、家庭、個人和經濟各方面的穩定都取決於和對方有良好的關係。

索萊正逐漸進步。她正在學習如何管理軟弱和感到壓力的時刻。她努力提升自己的自信心，並以堅定的態度與前夫溝通，而不感覺被他壓倒。最令人高興的是，隨著她心理狀況的改善，她的消化系統疾病也得到緩解。

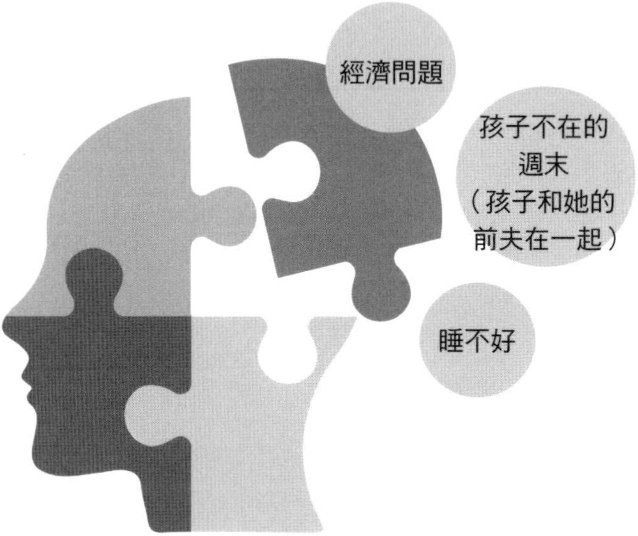

▲壓力因素

一個擁抱和一個計劃

最後還有兩個技巧可以幫助你清除環境中的有害人群。在這一章裡，我想傳遞一個正面的訊息。認識我的人都知道：我非常喜歡擁抱，正如我在催產素章節中已經解釋過的。

擁抱是一種非常強大的武器。新冠疫情似乎暫時從我們身邊剝奪了擁抱，但一旦情況允許，我們就必須進行擁抱革命。再次表達愛意，為我們喜歡的人注入催產素，並透過擁抱與「有毒的人」和解。我們不要忘記，這些人當中多數（我敢說接近九成！）是感覺不到被愛，並且承受著巨大情感挫敗的人。

當你傳遞給有毒的人的愛越多，就越能削弱他們影響你的能力。

另一方面，你可以送給他們一本書、一場講座的邀請函，或一起計劃共同的活動：釣魚、跑步、唱歌等等。從活動開始會比從對話開始更為容易（許多人，特別是男性，會把嚴肅和直接的對話視為攻擊）。透過共同的活動建立連結，一旦那扇門被打開了，就更容易展開對話，幫助對方走出困境。

如果有毒的人是你呢？

我記得多年前在馬德里進行的一場演講，當時是在一所大學的禮堂裡講授這些主題。在提問時間，有一位女孩站起來對我說：

「所有人都說我是一個有毒的人，你建議我怎麼做？」

我措手不及，從未有人這樣問過我，而且還是在這麼多人面前；這題的答案並不容易。我們都不希望自己對他人造成傷害，我們不喜歡這樣的想法。有時候，我們必須面對這樣的事實：某人客氣或不客氣地直接告訴我們這件事，或我們意識到自己的存在或行為會影響並困擾其他人。

想與別人和睦相處，就得先與自己好好相處。

如果你內心平靜，那麼你更難成為別人的有毒人物。仔細分析你與伴侶的關係，或者如果你的情況是與非伴侶的關係，「要問問自己為什麼總是選擇那些不適合你的人，並與他們在關係中承受那麼多痛苦」。加深你與孩子、父母、朋友和同事間的關係。

如果你覺得每個人都對你有意見，也許你就是在環境中產生有毒物質的人。如果你對一切事物都抱持消極的態度，或者你將自己的問題歸咎於他人，抑或是你一有機會就尋求衝突，那可能是你的行為影響了他人。

你不是一個有毒的人，我已經說過我不喜歡這個概念。你可能是一個引發他人皮質醇升高的人，但只要付出努力並妥善處理它，你就能消除這個有害過程。

伊莎貝爾（Isabel）的案例

伊莎貝爾是四個孩子的母親，她需要幫助來管教其中兩個孩子，他們分別是十九歲和十七歲。

「他們對我的態度很差，不理我、不聽我的話，也不遵守規定。」她說道。有一天，我請她丈夫來一趟，他證實了伊莎貝爾所說的，但他又補充道：「我太太的控制欲很強，她對孩子們管得太多了。我認為他們已經叛逆了。」

當我見到他們的大兒子時，他坦承了家裡的情況：

「我媽媽令人無法忍受，我和我妹妹都受不了她。她評價我們、批評我們、不給我們自由。這太累人了。她是一個完美主義者，有她在身邊會讓我們一直疲憊不堪。」

控制欲強的父母背後可能存在著一種恐懼，他們擔心一旦失去了對孩子的掌控，孩子的生活中就會發生不好的事情。這種狀況通常從孩子童年早期就開始，出現在對教育追求完美且具有強迫控制特質的父母身上。如果父親或母親打從一開始就這樣，對孩子高高在上，控制欲極強，那麼當孩子成年後，這些父母可能不知道如何切斷這種束縛。後果很合乎邏輯：他們會試圖透過各種手段在生活中的各個方面掌控孩子。

這個案例需要小心處理，因為我必須以某種方式向伊莎貝爾傳達她的行為對孩子和丈夫有害。我們開始共同努力改善控制欲和追求完美的性格，幫助她與家人能更和諧相處。

如果有毒的人是你最親近的人該怎麼辦？

如果你們住在同一個屋簷下，或者你每天或經常與他打交道，那麼情況就比較難處理，因為雙方難以保持距離。這在疫情封城期間是最常見的情感困境。許多人被關在同住者之間的關係本來就已經是有害的房子裡。

在這些情況下，分析這種毒性的原因是不放棄的關鍵。了解有害行為的根源至關重要。例如，是否因為孩子的年紀（家裡的青少年為所欲為）、你的丈夫（疏遠你，心裡有千頭萬緒的事情）、你的妻子（以孩子為生活重心，對你不理不睬）、你的母親（控制狂，沒有她的允許你不准呼吸）、你的父親（缺乏同理心、獨立自主，在全家人面前忽視你），或者家裡出現的千百種其他可能性。

最讓人痛苦的問題之一是覺得自己不被父母所愛或尊重。這裡有一些線索。

父母的「虐待」背後有什麼原因？

最理想的是你從未經歷過這些情況。如果你曾經感受過我接下來描述的事情，你會知道這是一種令人精疲力竭、悲傷且相當沮喪的情況。

父母的虐待可能是身體上的，也可能是心理上的。使用的手段包括恐嚇、脅迫、威脅、恐懼、操縱、攻擊、侮辱或蔑視等等。當一個孩子在童年時受到父母的心理虐待，如果不加以阻止和治療，這種傷害可能會持續下去並長期存在。我們往往認為當兒童階段結束時，他們對小孩造成的傷害會消失；然而，在許多情況下，事實並非如此。當傷害在成年時期仍持續存在時，我稱之為「沉默的苦難」。這些經歷者，即使他們非常清楚自己的處境和所受的傷害，他們通常也不會與任何人分享。他們會感到羞愧。有時候，他們甚至無法用言語來形容自己的感受。我們的身體是我們真相的寶庫，它裝載著我們的歷史，並以某種方式幫助我們平衡經歷、情感和健康。透過一些症狀，它警示我們出了問題。找到原因並不容易，有時需要特別的力量——要打開並處理如此深刻的情感創傷需要很大的勇氣——然而一旦你成功了，勝利的感覺將會是美妙的。

希爾維婭(Silvia)的案例

希爾維婭告訴我，多年來她一直因為偏頭痛、腸道不適和過敏而求助不同的醫生。她在一家市場行銷公司擔任要職，受到同事們的肯定。她結婚三年，育有一子。

我請她談談她的家庭。她的父母親在西班牙南部的一個城市經營一家小型家電行。她是三姊弟中的老大，有兩個弟弟。

她告訴我：「我媽媽是一個非常有個性的人，對什麼事情都有意見。從小到大，她對我的生活影響很大。我爸爸心胸寬大，但家裡掌權的是我媽媽。她不太會表達情感，很難說『我愛你』，也不常讚美我做得好的事情。她對弟弟們的態度卻不同，與他們比較親近，但對我就很苛刻。她對自己和對我的要求都很高。每次她來我家，都會對家裡的整潔以及我如何教育孩子提出意見。影響我最大的一點是她介入我丈夫的生活。我母親已經成為我婚姻中的一個爭吵原因。他們一直希望我丈夫（他是電工）和他們一起工作，但我不想，因為我擔心這會破壞我們的關係。我知道我丈夫將會給我很大的支持，但我不希望我媽媽控制他，也不希望她控制他的薪水。」

你已經在這些篇章中讀到父母對孩子行為的影響如何在成年後持續存在。問題在於我們常將童年時期與父母的有毒關係視為正常現象，並認為所有家庭都如此。

我記得在疫情流行期間，有一次一位年輕女孩來幫我照顧孩子。她對待我的小孩的嚴厲態度令我感到驚訝，她告訴我，我對他們太溫和了。我問她父母是怎麼對待她的。

她回答說：「他們常常打我，但我活該受罰，因為我表現得不好。我經常受到懲罰，但他們這麼做是為我好，是我的錯。」

如此坦率的陳述讓我感慨不已。她只有二十三歲，幾個月前開始與一個男孩交往，大學剛畢業，卻對父母的虐待行為感到理所當然。

我還問她內心的聲音：

「你對自己好嗎？」

她回答說：「我一直都有自尊心的問題，覺得自己沒什麼價值，在很多事情上都自責。我是那種會招來厄運的人。」

我並沒有參與她的童年，但我確信她的「錄音機」在她的童年時期捕捉到針對她的負面對話和想法，而這些現在仍在傷害她。

當一個人曾經受過有毒父母的對待，他的內心會在愛、順從、責任、憤怒、挫折、依賴和憎恨之間掙扎。

在這些情況下該怎麼做呢？首先且最重要的是，孩子得要意識到並覺察到這一點。接著，了解他的童年是如何度過的，以及這些動態關係在成年後是否持續存在，這麼做會很有幫助。是依賴？是恐懼？是需要被認可？還是操縱？

解決方法相當複雜。一方面，某些時候你必須與他們交談，盡可能謹慎地讓他們看到這一點。這並不容易，可能會引發家庭衝突，但有時，如果受影響的人足夠成熟冷靜，這就能消除很大一部分的傷口。另一個更簡單且同樣有效的選擇是避免與父母聯繫，或盡量減少與他們接觸。根據我的經驗，距離是讓自己恢復的好方法。另一方面，每個人內心都擁有一種慣性、需要或本能，希望被父母愛著。有時很難承認自己與父母親的關係不好，尤其是當我們看到他們漸漸變老的時候。

聽到一個成年的孩子描述與父母關係的痛苦，描述他內心的掙扎，一方面渴望斷絕所有聯繫，另一方面卻知道儘管父母可能會傷害他，但仍覺得不該拋棄他們，這種感受令人深感心酸。這些療程是複雜的，因為表達情感時的痛苦通常很強烈。承認我們從小到大主要的情感依附對象已經變成或正在變成心理上的負擔，這一點並不容易。我所說的不是身體上的依賴需求，而是心理上的消耗。第一步是讓患者意識到正在發生這種情況，並解釋在與雙親的關係中，身體和心理是如何在這種緊張狀態下運作的。

如果在某些情況下，你發現接近父母會使你感到不安或不舒服，請試著分析這種反應發生在你身上的原因。你的內心產生了什麼？你的警覺狀態如何？有哪些症狀被活化了？

在這些情況下，我建議尋求幫助，因為這是一種非常緊張的狀態。在這種情況下，自尊心和自信心通常都會受到損害，因此進行修整和強化是有益的。

情緒箭頭的概念有所幫助

這裡要指出一種有趣的方法。當你感到疲倦、壓力重重或生病時，你對有毒的人的容忍度就會降低。

我對我的病人，甚至對我自己，都會採取一種我稱之為「情緒箭頭」的方式。你越疲倦、心煩意亂、悲傷、沮喪或不舒服，有毒的人對你的影響就越大。請評估一下自己的狀況。

如果你的情緒達到七分，那麼你更有可能消化不良，或者你會遭受不必要的痛苦。在緊張時刻到來前，先分析你的基礎狀態，這將有助於保護自己。如果你睡得好、去度假、加薪、心情好，與有毒的人見面對你的影響會縮小，因為你

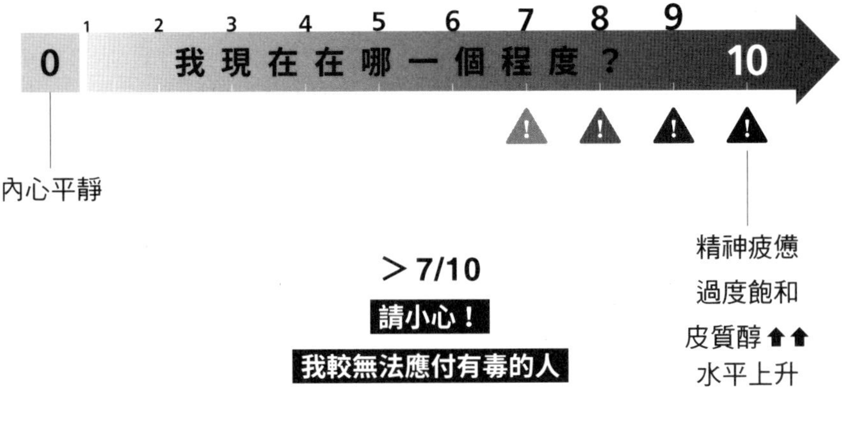

▲情緒箭頭

有較大的抵抗力。相反地，如果你處於低潮期，沒有好好休息、孩子的表現不好、工資降低、心情不好或有爭執時，那麼有毒的人對你的影響就會更大。如果你的情緒箭頭表明你已經達到極限，那時請避免會面或者請延期。有毒的人可能很容易讓你發脾氣，引發難以解決的危機。

如果傷害你的人出現在你的周遭（孩子、父母、岳父母、姊夫或妹婿、你經常見到的人），你需要知道自己的狀態，以及你的情緒箭頭在與對方見面的那天情況如何。如果是你的父親，你已經約好了要去探望他，你需要在前一天就做好心理準備，以便盡可能減輕影響。當你們在一起的時候，心理雨衣是非常有用的，它可以保護你免受他的話語可能造成的影響。有了心理雨衣，你會保持距離地看待發生在你身上的事情，不會將其視為浸濕你並淹沒你的東西，你會有一種刀槍不入的感覺。那些在以前可能會激怒你的評論，你現在會以一個旁觀者而不是作為這段關係的主角來觀察它。你無法總是避免痛苦。在生活中，有時候我們必須學會如何承受。

茱莉亞 (Julia) 的案例

茱莉亞今年三十四歲，已婚兩年，育有一個兩歲大的孩子。她承認自己是個焦慮、缺乏安全感且感到恐懼的人。長久以來，她對自己與父母的關係感到擔憂。她是三兄妹中的老么。最大的兄長已經五十歲了，二哥則是四十八歲。她的父親八十歲，母親七十九歲。我請她談談她的童年：

「我對童年的記憶很少，就好像我失憶了一樣。我很難專注在具體的回憶上[2]。」她告訴我，她的父親是個工作非常繁忙的人，由於工作的緣故，他每年都得出差好幾個月。在她的印象中，他是一個缺席的父親，總是談論著工作事務，疏遠且缺乏同理心。她的母親經常處於煩躁和憤怒狀態。她說自己經常與母親無休止地爭吵，爭吵的結果是兩人互相謾罵，母親會說：「一切都是你的錯，你讓人無法忍受。」來結束爭執。然後母親會把自己鎖在房裡，因怒氣、悲傷和挫折而哭泣。隔著房門還會聽見她不停在尖叫的聲音。

當茱莉亞十歲時，住在她學校附近的姑姑提議讓茱莉亞到她家暫住一段時間。她在姑姑家的時光比較開心，而不得不回家的日子則讓她痛苦不堪。

茱莉亞現在只要想到母親，就會感到憤慨和怒氣。

「我不懂她，她是個壞人。」她憤怒地告訴我。

現在她每週三會去探望父母，從那裡遠距工作，然後留下來一起吃飯。

「星期二的晚上我會睡不好，因為我想到隔天是星期三，我知道會發生什麼事。那幾天我無法專心工作，到了下午就會感到筋疲力盡，就像做了劇烈運動一樣。我對他們抱有怨恨和厭惡，但另一方面，我卻感到內疚。和他們在一起的時間充滿了極大的緊張和憤怒。然後我發現自己一邊工作一邊哭泣。我想去探望他們，因為他們年紀大了，我很想原諒他們來達到內心平靜，但我做不到。我母親對我而言是有毒的人。我父親也傷害過我，但他對我的影響並沒有像母親那麼深。」

茱莉亞的故事中有一種特定成分，那就是她的母親多年來一直對她造成傷害。當與有毒的人如此親近時，治療和康復的工作就會變得更加複雜和微妙。最深的傷口總是由最親近的人所造成。

我透過多種方式試著處理她的問題，其中一種是分析她的情緒箭頭，了解她從父母身邊回家後的感受，並了解所產生的身體和心理症狀。當然，我們必須努力治癒她童年時的創傷才能繼續向前走。EMDR幫助她減輕了那些場景帶來的痛苦和困擾。終於，茱莉亞逐漸學會管理自己的情緒，並對超出她的能力範圍且讓她深感不安的情況設立界限。

與母親或父親的聯繫固然重要，但也可以與周圍的其他人（叔叔、祖父母、朋友、伴侶、導師、老師等人）建立強大而牢固的關係，這些都會成為治癒的方式。在治療的過程中，你可以接近這些人，讓自己感到被愛，感受被偷走的母愛。

我認識許多沒有當過母親的女性，她們卻擁有一顆「母愛的心」，並且已經幫助治癒許多受苦的人，為他們解除痛苦。我有一個女性友人，她未婚也沒有孩子，但她比任何人都懂得傾聽。她有一種特殊的天賦，就是當你需要她時，她總是會出現在你身邊，在你最困難的時刻給予你支持的力量並安撫你。

有毒的伴侶

我們必須區分有害的伴侶和因某種原因而產生磨損的伴侶關係。許多關係和婚姻都會隨著時間而惡化。疲勞或緊張的情況會導致伴侶之間不再像開始時那樣溫柔相待。以前不曾發生過的不尊重行為可能會出現，或者一方提出的要求，另一方可能無法滿足。

伴侶關係會經歷自然且合乎邏輯的演變，而這種演變並不總是被人們接受。我們天真地認為，我們永遠都會感受到在雙方愛火剛被點燃時，心中小鹿亂撞的感覺。有時，由於自然的磨損，關係的演變會導致一定程度的不適。此時，我們應該重新掌握局面，盡我們所能來支持伴侶。我建議閱讀書籍、參加講座、參加課程、加入婚姻團體等等。我們需要重新面對對方，並對彼此說：「我在這裡，你也在這裡，我們相愛相知，我們都希望這種感覺能夠持續下去，但我們已經疲憊不堪，甚至有時已讓雙方痛苦，而不是讓彼此快樂。」

許多伴侶危機都是從其中一人陷入個人危機開始的，這些危機通常導致皮質醇上升，因此生活在持續的警戒狀態中。我們所經歷的人生時刻可能會因自然原因而變得艱難（餵母乳期、其中一個孩子有睡眠障礙、問題重重的青春期、疾病的出現、日益頻繁的經濟問題、子女離家後的「空巢症候群」等等）。每個人的生活，包括伴侶關係的生活，都有美好的和糟糕的時刻，值得紀念和被遺忘的時刻。我們有時感到幸福，有時又進入痛苦或匱乏的時期。保持樂觀、開朗、有夢想是好的，但要避免不成熟和天真。正如婚禮誓詞中所說的：「無論順境或逆境，無論快樂或悲傷，無論健康或疾病。」當然，每件事都有一體兩面。正如我父親所說的：「我不知道有什麼比婚姻生活更困難的事情了。」歲月重重，如果一方無心努力，不願照顧並守護承諾，那就很難讓伴侶關係走向好的結局。

一段感情會有不同的時刻，我們必須學會處理關係中的不同時刻，另一方面，接受我們共同生活過程中的不同階段也很重要。在這些艱難時刻到來時，我們必須努力克服困難。為此，我們需要採取適當的補救措施：兩人共進晚餐、討論我們關心的事情、回想我們一起經歷的美好時光以及我們喜歡彼此和家人的哪些方面、週末出門散散心、讓我們紓解日積月累的壓力的一趟旅程、一起從事運動、參加朋友聚會提振我們的心情，甚至在必要時尋求其他人的建議。

我常常鼓勵向其他正在努力克服逆境的夫妻朋友尋求建議。此外，你也要清楚該向誰求助，這是很重要的。我有一位病人，他在努力挽回妻子的期間，向一位因工作結識的友人諮詢他的婚姻危機，而這位結過三次婚的友人給出的「忠告」是：「隨遇而安吧，前任與新任之間的空窗期對我而言才是最有趣的時期！」

如果你的目標是和解並修復傷害，建議與那些你知道曾經歷類似情況並克服困境的朋友交談。他們會從愛和經驗的角度與你分享。

在一段關係中，其中一人突然對伴侶的某些方面感到反感是很常見的情況。這種情況可能每十年發生一次，或者每年一次，又或者每月一次。在這些時刻，對方的習慣性行為（儘管你已經習慣了）會在你的身上產生強烈而有害的反應。突然間，對方所做的一切都讓你感到不安：他說話的樣子、他對待他人的方式、他的穿著、他的打呼聲或飲食習慣。之前對你毫無影響的行為舉止現在卻讓你介意。造成這種情況的原因各有不同：皮質醇中毒階段（對一切事物都更容易感到煩躁）、女性荷爾蒙（這會讓你對周圍環境變得更加敏感）、家裡有人生病、經濟問題，或是你因為夜晚睡不好而感到疲憊。

有時候，與你在一起的人也會改變，這有數百種可能性！可能是因為一些負面的事情，比如失業、交了不受歡迎的朋友、對其他人產生興趣，或者墜入一種成癮狀態。定期停下來思考是有益的，在這個時刻，伴侶可以分析一下兩人的關係正如何發展。我在某些場合已經提過，許多危機是轉機，能讓你們的關係成長茁壯。

不過遺憾地，有時候這些危機非常嚴重，以至於唯一的解決辦法是兩人暫時保持距離或永遠分開。

1 作者註：「心理雨衣」（phychological raincoat）是我推薦給病人和我親近的人的方法，讓他們在生活中不再受苦，是抵禦無妄之災和攻擊的一種保護。

2 作者註：我們知道，有些記憶缺失是由於童年創傷或在某些時刻感受不到被愛所導致。

維他命人

我的「維他命人」之一是我的朋友羅德里戈，我是在馬德里進行精神科住院醫師專科培訓時認識他的。我們在一場派對上巧遇，然後一直聊到深夜。他很友善、幽默風趣，而且充滿愛心。從那天開始，他與我的姊妹、父母與丈夫建立了深厚的友誼，隨著時間過去，他也與我的孩子們成為了朋友。我們親切地稱呼他為「羅德里戈叔叔」，因為他已成為家中的一分子。在過去的十多年裡，他參與了我們家庭的各種活動，深受大家愛戴，他也懂得如何給予愛。他擁有一顆猶如金子般善良的心。

我在醫院值班的時候，夜晚時常因為治療重症病患而過得很辛苦。大多情況下我無法休息，晚餐幾乎沒吃。羅德里戈住得很近，有好幾個夜晚或清晨，當他下班回家時，他會帶一些巧克力（我是巧克力的愛好者，無論何時都喜歡吃）或三明治來探班，讓我維持體力。

為什麼要提到我的朋友羅德里戈呢？二〇一九年四月十三日的凌晨十二點，我和我丈夫正在前往香港的旅途上，這是我們一年前就計劃好的旅行。我們從機場打電話給他，打算告訴他我們即將離境了，但我們聯絡不上他。飛行了一個小時後，我打開手機連上網路，想查找一些目的地的資訊，但卻發現他姊姊在WhatsApp傳來的語音訊息：「羅德里戈中風了，他現在在急診室，已經回天乏術了。快來和他道別吧。」

我悲痛欲絕。我被困在十多個小時的航班中，可怕的念頭占據了我的腦海。他會去世嗎？我再也見不到他了嗎？當我與丈夫討論這件事時，感覺彷彿度秒如年。連接到飛機上的無線網路後，帶來的是更多的沮喪，而不是安慰，因為越來越多朋友和家人得知情況後紛紛傳訊息給我，每個人都分享了他們的看法。

羅德里戈陷入重度昏迷。有一半的大腦（右半球）梗塞。我認識收治他的加護病房的其中一位醫生，從香港撥了通電話給他。他告訴我，羅德里戈預後的情況非常糟糕，如果他能活下來並醒來，他會需要幾個月的時間才能恢復「正常」。

當我終於回來並能去加護病房探望他時，醫生告訴我他的病情進展。由於顱內壓增高，他們切除了他一部分的頭骨，導致他的頭部變形。這個畫面令人震驚且非常痛苦。我們這些與他最親近的人在開放探病的短暫時間裡陪伴著他，像往常一樣與他談話，但心情是極度悲傷的。

羅德里戈的狀況依然相當嚴重，他對任何刺激都沒有反應，傷勢持續存在。幾週過去，奇蹟發生了。有一天早晨，他們打電話給我，通知我他已經從昏迷中甦醒。我急忙趕到醫院，進入病房時，他開始用英語胡言亂語（我從來沒聽過他講這個語言），當我靠近他時，他摸了摸我的臉。醫生要求我們謹慎行事，並叮囑說他恢復的速度會非常緩慢，需要幾個月甚至幾年的時間。他們特別強調在如此嚴重的中風之後可能出現攻擊行為，並警告說他可能很難與我們建立情感聯繫。

令人訝異的是，他在幾天後就開始說話了。我猶記得他還在加護病房時，我與他進行的一次對話。他問我關於我的書的情況，關於我每一個孩子的情況（連名字都記得！）以及關於過去的事情（他完全記得）。談到我們共同的回憶時，他會激動得熱淚盈眶。

我要求對他的大腦進行核磁共振檢查，因為身為一名醫生，我無法解釋他如何能夠連結、記憶、感受和表達我所看到的。核磁共振影像顯示他的大腦有一半是黑色的，完全梗塞。從那天起，羅德里戈成了我在科學和心理學的挑戰。他仍然是我們的羅德里戈叔叔、我們的靈魂摯友，而且從專業角度來看，他的康復是一個挑戰，沒有任何理由能解釋這個情況，連醫生們也不明白他進步的原因。

出院兩個月後，他重返加護病房向所有人道謝。他叫出了每個人的名字，帶著幽默感（他從來沒有失去過的特質）一個一個和他們打招呼，醫生們驚訝地看著他的進展。

羅德里戈在不同的養護中心住了幾個月。有一次，他接受了神經外科手術，重新植入了之前必須取下的那塊頭骨。幾天後，他的身體狀況改善了，並繼續保持著驚人的記憶力和他無與倫比的開朗。

我諮詢了許多同事，並試圖從醫學的角度研究他的案例。確實，他坐在輪椅上，左側偏癱，但他的思維非常清晰，他記得所有細節，並且對每種情況都有適當的感受和評論。如果你和他相處一會兒，你會感到神清氣爽、心情愉悅。

有一次，一位專門處理類似情況的神經科醫生，與我們分享一個想法：

「那些始終被深愛並給予愛的人，他們的狀況有時會出現令我們吃驚的進展。」

他的話對我產生了深刻的影響。這種反思回答了我內心無意識的某種認知，儘管我不了解其中的機制。

的確，羅德里戈的一生始終深受親人的愛戴，並且流露出豐富的感情。同樣地，他感受到旁人的陪伴和關愛的感覺，這可能在他的心靈也起了舒緩的作用，對此我毫不懷疑。

與維他命人見面相處會為大腦帶來深遠的影響。

讀完這些內容後，你就明白愛人與感覺被愛對健康有多重要了。

以色列西北大學凱洛格管理學院的神經科學家莫蘭・塞夫（Moran Cerf）教授深入研究了這個主題。塞夫觀察人類做出決策的過程，從睡眠、情緒、決策和行為的角度研究了數百名患者的大腦。結果顯示，當幾個人一起進行相同的活動時，他們的腦電波開始趨於相似，甚至可能變得幾乎相同。換句話說，與人共處會使我們的大腦與對方的大腦趨於一致。這是因為腦電波正在進行非常相似的活動，從而影響神經元的連接（就是著名的「鏡像神經元」）以及神經可塑性。

這樣做的好處在於，我們唯一需要做的努力就是選擇身邊的人。有人說我和我姊姊伊莎貝爾的手勢非常像我父親，這並不奇怪。我們三個人一起共事很多年，我曾不止一次發現自己不自覺地做出與父親相同的表情和手勢。這是怎麼一回事？大腦有同步性嗎？這其中是有道理的，科學證明了這一點。一方面，這意味著如果我們與有毒的人共同生活多年，就需要小心；另一方面，這是一個充滿希望的資訊。盡自己所能去成為一個「維他命人」吧。正如我們所見，如果我們與相處時間最長的人的大腦之間存在同步性和一致性，那麼這代表著我們可以對有毒的人產生正面的影響，幫助他們走出負面循環。

維他命人讓我們與最好的自己連結，幫助我們增強想法，敞開心扉，散發熱情，與他們的每一次對話或活動都能振奮我們的精神。他們的歡樂具有感染力，他們擁有超乎想像的能力讓人微笑、扭轉局面，並看到事情的光明面。對於我們的情緒平衡來說，他們就像是活生生的寶藏。我已經無法用言語來定義他們了，對於那些能持續地激勵我們，在任何時刻和情況下都幫助我們找到希望的人，我們該說些什麼呢？如果你遇到這樣的人，請好好珍惜他，因為在你陷入困境時，他會為你帶來平靜。

我很幸運，因為我的身邊就有維他命人。我的家人們，尤其是我的丈夫，他就像是一劑不折不扣的維他命。我的診所團隊也非常出色，還有一些特別的朋友。我喜歡身邊有這樣的人，他們能激發我的優點，並鼓勵我不斷進步。

我會在生活裡出現的人當中尋覓蘊含正能量的人。我的婦科醫生（給了我很大的支持）、幫助我照顧孩子的人、我鎮上的糕點師傅（她做的巧克力糕點是全世界最好吃的）、我孩子的學校導師（他有無比的耐心）、我在諾曼第和加利西亞的朋友們、我的朋友瑪塔（她能回應我內心的痛苦），以及許多人，我要感謝他們成為我生活中的一部分。**我建議找到人人內心都擁有的正能量**。即使是最複雜的人，也都有美好的東西能夠分享。

1. 他們會提升你的自尊心。
2. 他們會支持你、激勵你。
3. 他們會激發你最好的一面。
4. 他們會試圖舒緩痛苦的時刻。
5. 他們希望理解你而不評判你。
6. 他們會傳遞歡樂和熱情。
7. 他們懂得感恩並傳遞感激之情。
8. 他們會幫助你擺脫負面情緒並強化正面情緒。
9. 他們具有幽默感。

▲如何辨識維他命人？

然而，他們最令我著迷的是，當我們遇到好事時，他們甚至比我們自己還更高興。

讓自己也成為維他命人，並與他們為伍吧。

謹謝

感謝我的父親，他教會我去愛病人，並以特別的感情陪伴他們。

感謝我的母親，她教我如何無微不至地關愛他人。

感謝我的姊妹們，她們是我生命中最先擁有的維他命人夥伴。

感謝卡門（Carmen），她教會我很多關於依附和與孩子親情的事。

感謝我的姊夫、妹婿和嫂嫂、弟媳，米格爾・安荷（Miguel Ángel）、蘿西歐（Rocío）、碧拉（Pilar）、瑪麗亞（María）、費爾南多（Fernando）和伊格納西歐（Ignacio），他們是我維他命環境的一部分。

感謝我的編輯安娜・羅莎（Ana Rosa）和薇吉尼雅（Virginia），感謝她們鼓勵我繼續透過文字和想法來進行交流。感謝佩帕（Pepa），她用我的文字創造了魔法。

感謝大衛（David）在這幾個月的文學冒險中的耐心、愛心和專業精神。

感謝 Espasa 出版社全體團隊，謝謝他們陪伴我踏上這段旅程，並以他們的明智判斷指導我。

感謝瓦倫蒂娜（Valentina），在這個迷人的思想和情感世界中給予我支持的朋友。

感謝我的病人們，他們是偉大的老師，感謝他們相信我能治癒並撫平他們最深的傷口。

感謝瑪拉薇雅思（Maravillas），感謝你在與我們相處的幾個月裡激勵了我。你教會了我很多關於愛和催產素的知識：我們都應該擁有一部分的你。

參考書目

Aron, E., *El don de la sensibilidad en la infancia*, Obelisco, 2017.

—, *El don de la sensibilidad en el amor*, Obelisco, 2017.

Arponen, S., *¡Es la microbiota, idiota!*, Alienta, 2021.

Barudy, J. and Dantagnan, M., *Los buenos tratos a la infancia. Parentalidad, apego y resiliencia*, Gedisa, 2006.

Basallo A. and Díez T., *Pijama para dos*, Planeta, 2008.

Bergmann, U., *Fundamentos neurobiológicos para la práctica de EMDR*, Punto Rojo, 2015.

Best-Rowden, L., *et al.*, "Automatic face recognition of new borns, infants, and toddlers: A longitudinal evaluation", *International Conference of the Biometrics Special Interest Group* (BIOSIG), 2016.

Bilbao, A., *El cerebro de los niños explicado a los padres*, Plataforma, 2015.

Botton, A. de, *El placer del amor*, Lumen, 2017.

Bowlby, J., *El apego: el apego y la pérdida*, Paidós Ibérica, 1993.

Bravo, J. A., *et al.*, "Ingestion of Lactobacillus Strain Regulates Emotional Behavior and

Central GABA Receptor Expression in a Mouse Via the Vagus Nerve", *Proc. Natl. Acad. Sci.*, 2011, https://pubmed.ncbi.nlm.nih.gov/21876150/.

Catlett, J., "Avoidant Attachment: Understanding Insecure Avoidant Attachment", *PsychAlive*, 2019, https://www.psychalive. org/anxious-avoidant-attachment/.

Ceriotti Migliaresi, M., *Erótica y materna*, Rialp, 2018.

Cyrulnik, B., "Resiliencia: el dolor es inevitable, el sufrimiento es opcional", AprendemosJuntos, BBVA, 2018, https://www.youtube.com/watch?v=_IugzPwpsyY

—, *El amor que nos cura*, Gedisa, 2006.

Dodgson, L., "Some People can't Commit to Relationships Because they Have an "Avoidant" Attachment Style - Here's What it Means", *Business Insider*, 2018, https://www.businessinsider.com/what-is-avoidant-attachment-style-2018-3.

Eckstein, M., *et al.* "Calming Effects of Touch in Human, Animal, and Robotic Interaction-Scientific State-of-the-Art and Technical Advances", *Frontiers in Psychiatry*, 2020, https:// www.frontiersin.org/articles/10.3389/fpsyt.2020.555058/full.

Edwards, D. J., *et al.*, "The Immediate Effect of Therapeutic Touch and Deep Touch Pressure on Range of Motion, Interoceptive Accuracy and Heart Rate Variability: A Randomized Controlled Trial With Moderation Analysis", *Frontiers in Integrative Neuroscience*, 2018, https://www.ncbi.nlm.nih.gov/ pmc/articles/PMC6160827/.

Eisenberger, N., "The Neural Bases of Social Pain: Evidence for Shared Representations with Physical Pain", *Psychosomatic Medicine*, 2012, https://www.ncbi.nlm.nih.gov/pmc/

articles/ PMC3273616/.

Escacena M., "Por qué lo de 'déjalo llorar para que duerma solo' debe pasar a la historia", *Tribu CSC*. https://www.criarconsentidocomun.com/por-que-lo-de-dejalo-llorar-para-que-duerma-solo-debe-pasar-a-la-historia/.

Faber, A. and Mazlish, E., *Cómo hablar para que sus hijos le escuchen y cómo escuchar para que sus hijos le hablen*, Medici, 1997.

Fisher, H., *El primer sexo*, Taurus, 2000.

—, *Por qué amamos. Naturaleza y química del amor romántico*, Debolsillo, 2005.

Fonagy, P., *Teoría del apego y psicoanálisis*, ESPAXS, 2004.

Galán Bertrand, L., *El gran libro de Lucía, mi pediatra*, Planeta, 2020.

Ganger, C., "6 Signs your Kid Has the Avoidant Attachment Style", Romper, 2018, https://www.romper.com/p/6-signsyour-kid-has-the-avoidant-attachment-style-3265056.

Gonzalo Marrodán, J. L., "La relación terapéutica y el trabajo de reconstrucción de la historia de vida en el tratamiento psicoterapéutico de los niños crónicamente traumatizados", *Cuadernos de psiquiatría y psicoterapia del niño y del adolescente*, 2010.

Gray, J., *Los hombres son de Marte, las mujeres de Venus*, Grijalbo, 2004.

Grebe, N., et al., "Oxytocin and Vulnerable Romantic Relationships", *Hormones and Behavior*, 2017, https://pubmed.ncbi. nlm.nih.gov/28254475/.

Haley, D., "Relationship Disruption Stress in Human Infants: a Validation Study with Experimental and Control Groups", *Stress*, 2011, https://pubmed.ncbi.nlm.nih.

gov/21438783/

He, W., *et al.*, "Auricular Acupuncture and Vagal Regulation", *Evidence-based Complementary and Alternative Medicine*, 2012, https://pubmed.ncbi.nlm.nih.gov/23304215/.

Holmboe, S. A., et al., "Influence of marital status on testosterone levels-A ten year follow-up of 1113 men", *Psychoneuroendocrinology*, 2017, https://pubmed.ncbi.nlm.nih.gov/28376340/

Illouz, E., *Intimidades congeladas*, Katz, 2007.

Key, A. P., et al., "What do infants see in faces? ERP evidence of different roles of eyes and mouth for face perception in 9-month-old infants", *Infant and Child Development: An International Journal of Research and Practice*, 2009.

Kroll-Desrosiers, A. R., *et al.*, "Association of Peripartum Synthetic Oxytocin Administration and Depressive and Anxiety Disorders within the First Postpartum Year", *Depression and Anxiety*, 2017, https://pubmed.ncbi.nlm.nih. gov/28133901/.

Kühn D. and Gallinat, J., "Brain Structure and Functional Connectivity Associated with Pornography Consumption: The Brain on Porn", *JAMA Psychiatry*, 2014.

Kumperscak, H. G., et al., "A Pilot Randomized Control Trial With the Probiotic Strain *Lactobacillus rhamnosus* GG (LGG) in ADHD: Children and Adolescents Report Better HealthRelated Quality of Life", *Frontiers in Psychiatry*, 2020, https:// www.frontiersin.org/articles/10.3389/fpsyt.2020.00181/full.

Liew, M., “10 Signs that your Partner Has an Avoidant Attachment Style and How to Deal with Them”, *Life Advancer*, 2017, https://www.lifeadvancer.com/avoidant-attachmentstyle/.

Lu, W. A., *et al.* “Foot Reflexology Can Increase Vagal Modulation, Decrease Sympathetic Modulation, and Lower Blood Pressure in Healthy Subjects and Patients with Coronary Artery Disease”, *Alternative Therapies in Health Medicine*, 2011, https://pubmed.ncbi.nlm.nih.gov/22314629/.

Marazziti, D., *et al.* “Sex-Related Differences in Plasma Oxytocin Levels in Humans”, *Clinical Practice and Epidemiology in Mental Health*, 2019, https://www.ncbi.nlm.nih.gov/pmc/articles/PMC6446474/.

Mcnamee, S. and Gergen, K. J., *La terapia como construcción social*, Paidós, 1996.

Miller, A., *El cuerpo nunca miente*, Tusquets, 2005.

Montagu, A., *El tacto*, Paidós, 2004.

Moore, E., *et al.*, “Early Skin-to-Skin Contact for Mothers and Their Healthy Newborn Infants”, *Cochrane Database of Systematic Reviews*, 2012, https://www.ncbi.nlm.nih.gov/pmc/articles/PMC3979156/.

Murthy, V. H., *Juntos. El poder de la conexión humana*, Crítica, 2021.

Nagasawa M., et al., “Dog’s Gaze at Its Owner Increases Owner’s Urinary Oxytocin During Social Interaction”, *Hormones and Behavior*, 2009, https://pubmed.ncbi.nlm.nih.gov/19124024/.

Narváez, D., *Neurobiology and the Development of Human Morality. Evolution, Culture, and Wisdom*, Norton, 2014.

Ooishi, Y., *et al.*, “Increase in Salivary Oxytocin and Decrease in Salivary Cortisol after Listening to Relaxing Slow-Tempo and Exciting Fast-tempo Music”, *PLoS One*, 2017, https://www.ncbi.nlm.nih.gov/pmc/articles/PMC5718605/.

Rimmele, U. et al. “Oxytocin Makes a Face in Memory Familiar”, *The Journal of Neuroscience*, 2009, https://www.jneurosci.org/content/29/1/38/tab-article-info.

RothschiLd, B., *EL cuerpo recuerda*, Eleftheria, 2015.

Ruiz, J. C., *Filosofía antes del desánimo*, Destino, 2021.

Rygaard, N. P., *El niño abandonado. Guía para el tratamiento de los trastornos del apego*, Gedisa, 2008.

Sabater, V., “Madre que no quieren a sus hijos, ¿por qué ocurre?”, 2020, https://lamenteesmaravillosa.com/madres-que no-quieren-a-sus-hijos-por-que-ocurre/.

Sassler, S., *et al.*, “The Tempo of Sexual Activity and Later Relationship Quality”, *Journal of Marriage and Family*, 2012, https://www.researchgate.net/publication/262959345_The_Tempo_of_Sexual_Activity_and_Later_Relationship_Quality.

Siegel, D. J. and Payne T., *El cerebro del niño*, Alba Editorial, 2020.

Stamateas, B., *Gente tóxica*, Ediciones B, 2013.

Stevens, G., *Positive Mindset Habits for Teachers*, Red Lotus Books, 2018.

Stoner, J. R. and Hugues D. M., *Los costes sociales de la pornografía*, Rialp, 2014.

Sugawara, K., "5 Signs your child has an avoidant attachment style (and how to fix it!)", *Marie France Asia*, 2018, https:// www.mariefranceasia.com/parenting/parenting-tips/5-signschild-avoidant-attachment-style-can-fix-321908.html#item=1.

Sunderland, M., *La ciencia de ser padres*, Grijalbo, 2006.

Terrasa, E., *Un viaje hacia la propia identidad*, Astrolabio, 2005.

UhLs, Y. T., *et al.*, "Five Days at Outdoor Education Camp without Screens Improves Preteen Skills with Nonverbal Emotion Cues", *Computers in Human Behavior*, 2014, https:// www.sciencedirect.com/science/article/pii/S0747563214003227.

Wallin, D. J., *El apego en psicoterapia*, Desclée De Brouwer, 2012.

Welss, R., "Los efectos psicológicos del sexo casual", 2020, https://www.psychologytoday.com/es/blog/los-efectos-psicologicos-del-sexo-casual.

Zak, P.J., *Trust Factor. The Science of Creating High-Performance Companies*, Harper Collins, 2017.

Zsok, F., Haucke, M., *et al.* "What kind of love is love at first sight? An empirical investigation", *Personal Relationships*, 2017.

推薦書籍

Alonso Puig, A., *Resetea tu mente. Descubre de lo que eres capaz*, Espasa, 2021.
Rojas, E., *Todo lo que tienes que saber sobre la vida*, Espasa, 2020.
Rojas Estapé, M., *Cómo hacer que te pasen cosas buenas*, Espasa, 2018.

催產素

Zak, P. J., *La molécula de la felicidad*, Indicios, 2012.

依附

Ceriotti Migliarese, M., *La familia imperfecta. Cómo convertir los problemas en retos*, Rialp, 2019.
Guerrero, R., *Educación emocional y apego*, Timun Mas, 2018.
Meeker, M., *Padres fuertes, hijas felices*, Ciudadela Libros, 2010.
Siegel, D. J., *La mente en desarrollo*, Desclée de Brouwer, 2007.

愉悅與愛

Aron, E., *El don de la sensibilidad. Las personas altamente sensibles*, Obelisco, 2006.
Beck, A. T., *Con el amor no basta*, Paidós, 1990.
Chapman, G., *Los cinco lenguajes del amor*, Revell, 2011.
Gottman, J. M., *Siete reglas de oro para vivir en pareja*, Debolsillo, 2020.
Harley, W., *Lo que él necesita, lo que ella necesita*, Revell, 2007.
Menáguez, M., *Solo quiero que me quieran*, Rialp, 2021.
Rojas, E., *El amor inteligente*, Temas de hoy, 2012.
—, *El amor: la gran oportunidad*, Temas de hoy, 2011.

有毒的人

Álvarez Romero, M. and García-Villamisar D., *El síndrome del perfeccionista*, Books4pocket, 2010.
Stamateas, B., *Gente tóxica*, Ediciones B, 2013.

本書於二〇二一年六月十三日在帕多瓦聖安東尼節慶日完成寫作。

人生顧問 514

找到你的維他命人：人際關係中的痛苦、困惑、空虛，你不必自己承受

作　者—瑪麗安．羅哈斯．埃斯塔佩（Marian Rojas Estapé）
譯　者—張懿慈
主　編—何秉修
特約編輯—江莉芬
企　劃—林欣梅
封面設計—陳恩安

總 編 輯—胡金倫
董 事 長—趙政岷
出 版 者—時報文化出版企業股份有限公司
一〇八〇一九台北市和平西路三段二四〇號七樓
發行專線—（〇二）二三〇六六八四二
讀者服務專線—〇八〇〇二三一七〇五
（〇二）二三〇四七一〇三
讀者服務傳真—（〇二）二三〇四六八五八
郵撥—一九三四四七二四時報文化出版公司
信箱—一〇八九九臺北華江橋郵局第九九信箱

時報悅讀網—http://www.readingtimes.com.tw
時報文化臉書—https://www.facebook.com/readingtimes.fans
法律顧問—理律法律事務所　陳長文律師、李念祖律師
印　刷—家佑印刷有限公司
初版一刷—二〇二四年三月一日
定　價—新台幣四八〇元

時報文化出版公司成立於一九七五年，
並於一九九九年股票上櫃公開發行，二〇〇八年脫離中時集團非屬旺中，
以「尊重智慧與創意的文化事業」為信念。

找到你的維他命人：人際關係中的痛苦、困惑、空虛，你不必自己承受／瑪麗安.羅哈斯.埃斯塔佩(Marian Rojas Estapé) 著；張懿慈譯. -- 初版. -- 臺北市：時報文化出版企業股份有限公司, 2024.03
面；　公分. -- (人生顧問；514)
譯自：Encuentra tu persona vitamina
ISBN 978-626-374-932-0(平裝)

1. CST: 自我實現　2. CST: 人際關係

177.2　　113001134

ENCUENTRA TU PERSONA VITAMINA

ISBN 978-626-374-932-0
Printed in Taiwan